LA
QUESTION MONÉTAIRE

(1859.)

DE L'ADOPTION LÉGALE

DE

L'OR FRANÇAIS

(1860.)

Par J. MALOU.

EXTRAIT DES MÉMOIRES INÉDITS

D'UNE

VIEILLE PIÈCE DE VINGT FRANCS

(1860.)

Par Philidor GOUDVRIENDT.

NOUVELLE ÉDITION DE 1873.

BRUXELLES,

IMPRIMERIE ET LITHOGRAPHIE DE E. GUYOT,

Rue de Pachéco, 12.

1873.

PROLOGUE.

En 1859 et 1860, lorsque la question monétaire a été le plus vivement agitée en Belgique, j'ai publié trois petits écrits. Les deux premiers étaient signés. Le troisième avait d'abord paru en feuilleton sous un nom de guerre ; mais, quand la paternité m'en a été attribuée, je n'ai pas fait difficulté de le reconnaître.

Si j'exhume aujourd'hui ces brochures, depuis longtemps oubliées, c'est par deux raisons également valables. La polémique de 1873 est, au fond, la même que celle de 1859-1861. Je n'ai pas le temps, distrait que je suis par d'autres devoirs, de refaire mes brochures en substituant partout ou presque partout le mot *or* au mot *argent,* et vice-versâ. Le lecteur intelligent et bénévole fera aisément cette interversion.

Je supprime néanmoins, comme n'ayant plus aucun intérêt, la discussion d'une idée mort-née en ce temps-là, qui avait été suggérée pour épurer notre circulation et pour forcer l'argent à revenir, alors que l'on était même impuissant pour le forcer à rester.

Ceux qui voudraient donner à ma publication un complément utile et agréable pourraient, comme moi, rééditer les discours et les écrits de mes honorables adversaires de 1859-1861, en intervertissant simplement les mots *or* et *argent* ; ils épargneraient ainsi bien des peines à certains polémistes de 1873.

L'or, disait-on, allait être énormément déprécié ; il fallait conserver l'argent seul ; agir autrement était contraire à l'intérêt public, à l'honnêteté, à la bonne foi due aux contrats ; adopter l'or c'était décréter un acte qui ferait condamner le Parlement belge par l'histoire ; les plus épouvantables calamités devaient s'ensuivre : dépréciation de la fortune publique, hausse des prix de toutes choses, perturbations des changes, élévations et brusques soubresauts de l'escompte.

Étrange ironie du sort ! Douze ans se sont écoulés ; si les calamités prédites sont venues, personne ne s'en est aperçu ou ne s'en est plaint, et c'est aujourd'hui le tour de l'argent d'être condamné à la dépréciation éternelle, maudit et repoussé.

Je ne désespère pas de vivre assez longtemps pour assister, sinon pour prendre part, à une troisième polémique au sujet de l'or menacé d'être avili, et même d'être expulsé dans l'intérêt des créanciers et de la moralité publique.

En ce cas, je ferai avec plein succès une troisième édition de mes brochures de 1859-60.

Bruxelles, décembre 1873.

LA QUESTION MONÉTAIRE.

(10 OCTOBRE 1859.)

Appelé par l'honorable Ministre des Finances à faire partie de la Commission qu'il a chargée d'examiner diverses questions relatives aux monnaies, je croirais, tout à la fois, répondre très-imparfaitement à cette marque de confiance et remplir mal un devoir si je me bornais à motiver en quelques mots les votes que j'ai émis.

Sans doute la Commission a épuisé son mandat ; mais les propositions qu'elle formule dans le rapport de l'honorable M. Pirmez, au talent duquel je rends un sincère hommage, ne terminent point le débat : il demeure ouvert ; aux pouvoirs publics, l'opinion du pays entendue, il appartiendra de le clore.

Les questions monétaires, fort heureusement, sont du petit nombre de celles qui, dans l'état actuel des idées, n'ont rien de politique. La plupart de ceux qui les discutent ont émis des opinions ou posé des actes ; tous, j'en suis convaincu, n'ont en vue que l'intérêt du pays et se dégageraient, pour y satisfaire, d'indignes ou de mesquines considérations d'amour-propre.

Les lois politiques ou administratives, appliquant aux besoins sociaux les règles du juste, du vrai, de l'utile, donnent naissance

1

aux faits et les régissent : il n'en est pas de même des lois économiques et surtout des lois monétaires ; la théorie et l'observation
ne sont pas des guides infaillibles pour établir ces lois, parce que
les faits dont l'avenir a le secret, qu'il ne confie à personne, dominent les lois et parfois les dénaturent en pratique. Le chapitre de
l'imprévu, en matière de monnaies, est le plus long de tous. Se
roidir contre les faits, en méconnaître l'irrésistible influence, ne
serait ni un acte de patriotisme ni un acte d'intelligence. Ce serait,
à coup sûr, un acte inutile.

Aussi les esprits les plus absolus, les plus forts théoriciens
subissent-ils, de bonne ou de mauvaise grâce, l'empire des faits.
Je citerai un seul exemple. En 1847, chacun le sait, M. Michel
Chevalier, effrayé d'une importation annuelle de 300 millions
d'argent en France, signalait au Gouvernement l'avilissement
ou, du moins, la baisse probable de ce métal et provoquait des
mesures préservatrices de l'inondation d'argent. Dès 1850, cet
économiste distingué n'a cessé de combattre l'invasion de l'or
en France, de prédire à terme prochain la baisse probable de l'or,
de provoquer le Gouvernement à prendre, contre l'inondation
d'or, des dispositions efficaces (1). En 1859 aussi bien qu'en
1847, M. Michel Chevalier est cité à bon droit comme une grande
autorité ; ceux qui ne partagent pas toutes ses opinions (et je suis
du nombre) reconnaissent dans ses écrits une science profonde,
une parfaite sincérité, l'amour du vrai et du bien.

S'il m'était permis, pour confirmer cette puissance des faits, de
citer un acte législatif auquel j'ai pris une grande part, je rap-
pellerais la loi de 1847, relative à la création de pièces d'or belges
de 10 et de 25 francs. Je ne l'aurais certes ni proposée ni sou-
tenue si quelque opposant, au lieu d'objections contestables en
théorie, faibles en réalité d'après la situation des choses à cette
époque comme d'après les plus hautes probabilités, avait annoncé
de science certaine que la prime sur l'or, établie depuis plus
de 40 ans, disparaîtrait ; que l'argent, à son tour, jouirait d'une
prime qui s'élève parfois jusqu'à 28 par mille, qu'en moins de
15 années l'immense réservoir de monnaie d'argent existant en
France se trouverait épuisé.

(1) Voir, à ce sujet, un remarquable article de M. Poisat, ancien député. — *Assemblée
nationale* du 14 mai 1855.

Si l'honorable Ministre des Finances est conduit par la nécessité à proposer, sous une forme ou sous une autre, l'admission de l'or français, nul n'aura le droit de l'accuser de palinodie de ce chef; il cédera à la force majeure, et s'il a le courage de céder au moment où l'intérêt du pays l'exige, il faudra, au contraire, le féliciter.

Les problèmes monétaires contiennent donc plusieurs inconnues. J'admire, sans pouvoir les imiter, ceux qui, grâce à des systèmes construits tout d'une pièce, n'éprouvent jamais ni doute ni hésitation. Dans les occasions qui se sont offertes, depuis quelques années, d'émettre un avis, mes conclusions ont été modestes, parfois négatives, toujours empreintes de quelque doute ; récemment encore, au sein de la Commission, je n'ai point proposé l'acceptation immédiate de l'or français comme monnaie légale ; mais, de préférence, un moyen terme, l'acceptation de cet or en payement des contributions et au cours du jour. Il ne faudra donc pas s'étonner si, après avoir combattu vivement les mesures projetées, je suis moins affirmatif au sujet des mesures à prendre.

Les propositions formulées par la majorité de la Commission sont éparses dans son rapport : pour en faire bien saisir l'ensemble, je me suis attaché à les réunir et à les coordonner dans le résumé qui suit (1).

Pièces de 5 francs. — 1º La pièce de 5 francs sera la seule monnaie dont l'acceptation sera indéfiniment obligatoire dans les payements ;

2º Nul ne sera tenu de recevoir une pièce de 5 francs qui a perdu plus d'un décigramme (1/10000 de kilogramme) de son poids ;

3º Toute pièce semblable sera rendue impropre à la circulation ;

4º En conséquence, la Banque Nationale coupera en deux toutes les pièces qui ont perdu plus d'un décigramme de leur poids ;

5º Le propriétaire d'une pièce trop légère offerte à la Banque ne pourra la reprendre ; la pièce sera coupée ; mais le propriétaire aura l'option de retirer les morceaux ou de les laisser à la Banque en supportant, en ce dernier cas, la différence entre leur

(1) *Journal de Bruxelles* du 6 octobre 1859.

valeur nominale et leur valeur d'après le change de la monnaie. En d'autres termes, le porteur perdra en proportion de la différence de poids.

6° Pendant quelque temps et à titre de mesure transitoire, les frais de fabrication ne seront pas à charge du propriétaire des pièces coupées; elles seront remonnayées aux frais de l'État.

Monnaies divisionnaires. — 1° L'État fabriquera et aura seul le droit de fabriquer des pièces de 2 francs, de 1 franc et de 50 centimes, au poids déterminé par la loi en vigueur, mais en abaissant le titre de 900/1000 à 850/1000 d'argent fin, c'est-à-dire avec une différence, à son profit, de 5 1/2 p. c.;

2° Nul ne sera tenu d'accepter dans un payement pour plus de 50 francs de ces monnaies;

3° Chacun pourra échanger au pair ces monnaies divisionnaires contre des pièces de 5 francs, aux caisses que l'État désignera pour cet échange;

4° Les pièces belges de 2 francs, de 1 franc et de 50 centimes en circulation seront ultérieurement démonétisées et retirées.

Monnaies de billon. — 1° En remplacement des pièces de 20, de 10 et de 5 centimes, qui seront démonétisées et successivement retirées, l'État fabriquera et aura seul le droit de fabriquer des pièces à base de nickel et de cuivre, du poids de 6 grammes pour la pièce de 20 centimes, de 4 grammes pour celle de 10 et de 2 1/2 pour celle de 5 centimes;

2° Nul ne sera tenu d'accepter dans un payement pour plus de 5 francs de ces monnaies de billon;

3° Chacun pourra échanger en tout temps, au pair, aux caisses que l'État désignera, ces monnaies de billon contre des monnaies d'argent.

Sauf erreur ou omission, telles sont les propositions destinées à devenir loi, si le Gouvernement et les Chambres adoptent l'avis de la majorité de la Commission des monnaies.

Je ne m'arrêterai pas à l'examen des mesures qui concernent les monnaies divisionnaires et le billon. Je n'hésite pas à reconnaître que, si ces mesures ne sont pas toutes exemptes d'inconvénients, elles constitueraient des améliorations réelles, qu'elles ne blessent ni l'équité ni le droit, qu'elles sont pratiques et seront efficaces. Mais j'espère établir qu'il n'en est pas de même des dispositions relatives aux pièces de 5 francs. Or, c'est là le point le plus important, sinon le seul important, puisque la pièce de 5 francs doit être la seule monnaie légale dont l'acceptation est indéfiniment obligatoire et qui ne pourra, à volonté, s'échanger au pair contre d'autres.

Je laisse de côté, sauf à les traiter plus tard ou une autre fois, toutes les grandes questions de principe. Faut-il un étalon unique? Cet étalon doit-il être l'argent? Le créancier, lorsqu'il a prêté 1,000 francs, a-t-il entendu que l'emprunteur, quoi qu'il advienne, doit lui rendre mille fois cinq grammes d'argent à 9/10 de fin? L'or baissera-t-il? A-t-il même baissé? L'équilibre des valeurs relatives se rétablira-t-il? Ne verrons-nous pas renaître la prime sur l'or et l'extrême abondance relative de l'argent? Je concède un instant à mes honorables adversaires, pour leur faire la partie belle, tout ce qu'ils voudront affirmer ou prédire; je suppose même leurs propositions adoptées; je me borne à leur demander comment ils entendent les exécuter et quel sera l'état des choses si cette exécution a lieu?

En d'autres termes, les mesures proposées sont-elles justes? sont-elles praticables? sont-elles efficaces?

La justice d'abord, l'utilité en seconde ligne; c'est incontestablement la règle de toute législation (1).

. . . .
. . . .
. . . .

En résumé : les propositions relatives aux pièces de 5 francs ne sont pas conformes à la justice.

Fussent-elles justes, elles n'en seraient pas moins impolitiques, inopportunes, à peu près inexécutables.

Fussent-elles exécutées ou en cours d'exécution, elles seraient inefficaces. Le lendemain la question monétaire serait posée dans les mêmes termes qu'aujourd'hui.

Je comparerais, si je l'osais, cette *épuration* du numéraire cir-

---

(1) Je supprime entièrement la discussion des mesures proposées pour épurer la circulation des monnaies d'argent et pour les forcer à revenir. Cela est absolument sans intérêt aujourd'hui. Il n'est pas à craindre que ces singulières idées renaissent.

culant à une opération douloureuse faite *in extremis*. Le malade
ne guérira pas; peut-être même abrégera-t on son existence : il
faut néanmoins tenter l'opération pour l'honneur ou pour l'amour
de la science.

La majorité des médecins consultés ayant proposé, au lieu
d'un remède, un assez pauvre expédient, je crois devoir, pour
compléter ces aperçus, examiner l'origine ou la cause de la question monétaire en Belgique, dire pourquoi elle devient de jour en
jour plus importante, rechercher enfin quelles sont les mesures
les plus utiles ou, si l'on veut, les moins mauvaises, que l'on
puisse adopter.

Il n'est pas besoin, pour indiquer l'origine ou la cause de la
question monétaire, telle qu'elle se produit en Belgique, de faire
une immense revue rétrospective, de discuter sur le point de savoir si la loi de germinal an XI admet le double étalon ; si le législateur belge a bien fait, en 1832, de copier cette loi, en 1850 de
s'en écarter en proscrivant l'or français ; si la France a sagement
agi en laissant l'or se substituer chez elle à l'argent. A quoi bon?
Le passé ne nous appartient plus. Quànd, tous comptes soldés,
toutes confessions sincèrement faites, il serait établi que personne
ne s'est trompé ou que les uns se sont trompés plus souvent que
d'autres, il y aurait toujours à se demander ce qui est et ce qu'il
faut faire ; il y aurait à constater l'état présent des choses, puis
à rechercher comment, cette situation étant donnée, nous pouvons le plus sagement régler d'aussi grands intérêts.

Commençons donc par là, puisqu'il faut nécessairement en
venir là.

La cause unique de l'invasion de l'or français en Belgique, est
la communauté du système monétaire des deux pays, quant à la
monnaie d'argent, et la diversité du système quant à la monnaie
d'or. Aucun doute ne me paraît possible, aucune contestation ne
peut s'élever à cet égard. La majorité de la Commission le constate implicitement, puisque, à son avis, le mal provient « de la
confusion que jette dans les esprits *l'identité de nom* des espèces
d'or françaises et de *notre numéraire* (1). » Si les relations d'af-

___

(1) Page 44. — Je copie textuellement : mais ces mots *notre numéraire, notre système monétaire*, sont tout à fait inexacts. Notre numéraire forme à peine le dixième de
notre circulation. La confusion ne s'établit pas entre l'or français et *notre numéraire :*

faires entre deux pays avaient pour conséquence l'invasion des monnaies de l'un sur le territoire de l'autre, nous aurions en Belgique des souverains, des roubles d'or, des dollars d'or proportionnellement à nos affaires avec l'Angleterre, la Russie ou les États-Unis. Si la rareté et la cherté relatives de l'argent et le courant qui l'entraîne vers l'extrême Orient étaient les causes déterminantes de la perturbation que nous subissons, comment et pourquoi les Pays-Bas et les autres pays où l'étalon d'argent règne seul seraient-ils à l'abri de cette perturbation? Comment et pourquoi l'or français viendrait-il plutôt que le souverain anglais, le pôle magnétique de l'argent (si je puis parler ainsi) se trouvant à Londres? La Belgique paye et reçoit, à raison de ses affaires commerciales, en florins, thalers, roubles, livres sterling, dollars à Rotterdam, Cologne, Petersbourg, Londres, New-York; l'or ou l'argent de ces pays n'envahissent pas notre circulation; la Belgique ne serait pas plus envahie par les francs d'or si elle n'avait une certaine communauté de système monétaire avec la France.

La cause du mal, puisque mal il y a, est connue ou, pour mieux parler, unanimement reconnue.

Des hommes d'État d'une haute intelligence, d'une expérience consommée, des logiciens, des savants, des économistes et des administrateurs disent, depuis neuf ans, avec une persistance digne d'un meilleur sort : *Laissons subsister la cause; l'effet ne se produira pas.* Ils le disent, et comme il ne suffit pas de nier les faits pour les détruire, la cause, tant qu'elle subsiste, agit. *E pur si muove* ; la terre tourne, et l'or français envahit de plus en plus la Belgique. L'invasion s'étend parce que, en vertu d'une loi du monde physique et du monde moral, une force constante est accélératrice. Cette force n'a pas toujours la même intensité; il y a des intermittences, des moments de répit ; mais, si elle dure, le malaise deviendra extrême, insupportable.

Les plaintes, d'abord timides, faibles, isolées, sont devenues aujourd'hui plus nombreuses, plus générales ; bientôt peut-être auront-elles une puissance invincible. Pourquoi? Répondre qu'elles

elle s'établit entre l'or français et l'argent français : excusable erreur ou, du moins, circonstance atténuante, que j'invoque dans l'intérêt des *masses aveuglées*, traitées si rudement par MM. les savants.

grandissent en proportion des usurpations commises par l'or
français, c'est constater le fait sans l'expliquer. Il s'explique simplement par cette circonstance, que la communauté de système
monétaire entre la Belgique et la France est partielle au lieu
d'être absolue, parce qu'il existe, entre l'état des choses en droit,
et l'état des choses en fait, d'incroyables contradictions.

En France, la législation admet la coexistence de l'or et de
l'argent comme monnaie légale. Le rapport établi entre l'argent
et l'or est, *en droit*, d'un à quinze et demi. Chacun peut porter
à la Monnaie des lingots d'or et d'argent pour être convertis en
monnaie. Mais, en fait, des causes qui échappent à l'action des
lois d'un seul peuple, quelque puissant qu'il soit, ayant changé le
rapport légalement établi entre l'argent et l'or, celui-ci s'est substitué au premier qui, cédant à l'attraction, a été en grande partie
exporté. La France a frappé pour plus de 4 milliards de monnaie
d'argent; il lui en reste à peine assez pour les besoins des petits
payements; la gêne est déjà vivement sentie, et cependant le
mouvement d'exportation continue. On ne porte guère de lingots
d'argent à la Monnaie, parce que la nécessité seule peut con-
traindre à produire de la petite monnaie en subissant une perte.
On n'y porte que des lingots d'or.

En Belgique, la législation admet l'argent seul comme monnaie légale, au même titre, module et valeur nominale que la
loi française. L'or est proscrit Chacun peut porter à la Monnaie
de Bruxelles des lingots d'argent pour être convertis en monnaie. Mais, en fait, la Belgique n'a point conservé une monnaie
d'argent qui lui soit propre : en argent belge identique avec les
espèces françaises, il lui reste à peu près le dixième de sa circulation. L'État ne fabrique plus depuis longtemps; il ne le ferait
qu'avec une perte notable ; les particuliers, par la même raison,
ne portent pas de lingots à la Monnaie pour être transformés en
pièces de 5 francs. Les pièces, belges ou françaises, s'en vont et
naturellement les meilleures s'en vont les premières. L'or s'y substitue de plus en plus. La Commission nous dit, il est vrai, pour
nous consoler, « que la fabrication de la monnaie est libre et
» qu'avec la liberté on ne manque jamais longtemps d'une chose
» utile et surtout d'une chose nécessaire. » (Rapport, page 31.)
Il n'y paraît guère, en vérité; c'est, du reste, une magnifique

liberté que celle dont, à cause des vices du système de législation, nul ne peut user et dont l'usage, fût-il possible, serait inutile et ne produirait d'autre résultat que de fournir à l'exportation les pièces qu'elle recherche le plus (1).

Quand le système monétaire des deux pays était le même, en fait comme en droit, il n'y avait ni plaintes ni malaise. Si la loi rétablissait une communauté entière, parfaite, il n'y en aurait pas davantage. La Belgique aurait, à la vérité, le système d'or dans les circonstances actuelles. Si l'argent venait un jour reprendre sa place ancienne en France, chose possible à la rigueur, quoique peu probable, l'argent reparaîtrait pour nous comme pour la France. Je ne discute en ce moment ni les avantages ni les inconvénients d'une association de notre sort monétaire au sort de la France; nous y viendrons plus tard; je cherche seulement à faire comprendre qu'il est matériellement, radicalement impossible de conserver une communauté incomplète en contradiction avec les faits, d'avoir la monnaie d'argent française comme moyen de exclusif circulation, quand cette monnaie n'existe plus en France.

Il y a quelques années, un honorable ami politique, M. le baron Osy, disait à la Chambre que bientôt il ne resterait plus une pièce de 5 francs en France. Je me permis de lui demander alors combien, en ce cas, il en resterait à la Belgique.

N'ayant point obtenu de réponse, je reproduis la question. Il est urgent de la résoudre, car le moment approche où la prévision de l'honorable baron Osy sera réalisée.

Un tourbillon atmosphérique continu et vif entraîne l'argent français; la France, à tort ou à raison, n'y oppose aucun obstacle : la Belgique, n'ayant que de l'argent français et un peu d'argent belge, mais identique avec l'argent français, se trouve dans ce tourbillon; elle y reste : elle veut seulement que le vent ne souffle pas...

---

(1) Singulier ménage monétaire de l'Empire français et de la Belgique ! La femme n'est ni divorcée, ni séparée de corps ou de biens : elle demeure sous le toit conjugal. Le mari a fait emplette d'un mobilier neuf : l'épouse, le trouvant placé jusque dans son boudoir, en détourne les yeux avec horreur, conserve comme elle peut les débris des vieux bahuts, et dispute aux fripiers de vieilles tentures usées qu'elle s'apprête à remettre à neuf.

Embarquée avec la France sur un navire dont celle-ci a la direction et qu'elle laisse aller à la dérive, au gré du courant et de la marée, la Belgique ne quitte pas le bord : elle veut seulement que le courant et la marée n'agissent pas...

En un mot, comme en mille, encore une fois, la Belgique ne veut qu'une chose : l'impossible (1).

On nous dit quelque part (Rapport, page 56) qu'on se pro-

(1) Le lecteur m'excusera, je l'espère, de réimprimer ici quelques observations que j'ai faites sur la question monétaire à la séance de la Chambre des Représentants du 11 décembre 1856

« Le moment n'est pas venu, ce me semble, de nous prononcer définitivement sur » le système monétaire qu'il conviendra d'adopter en Belgique.

» En 1832, on a admis à tous égards la communauté du régime monétaire avec la » France ; l'un des principaux motifs de cette mesure était l'étendue de nos relations » avec la France. Ces relations se sont développées encore et nous avons aujourd'hui, » si mes souvenirs sont exacts, un commerce avec la France qu'on peut évaluer à envi- » ron 340 millions.

» Le régime monétaire français est demeuré le même en droit, mais chaque jour il » change en fait. Il est évident, pour quiconque suit le mouvement imprimé aujourd'hui » à la circulation de l'or et de l'argent, que le système français, qui était basé principa- » lement sur l'argent, tend à se transformer, et qu'avant peu d'années, si le mouvement » continue, il sera basé exclusivement sur l'or, comme le système anglais.

» Dans une telle situation, ce serait, à la fois, *une puérilité et un danger* pour la Bel- » gique de prétendre conserver un système identique à celui de la France quant à » l'argent, lorsque, dans ce pays, il n'existerait plus que de nom. Vous auriez beau vou- » loir, il changerait sans nous et malgré nous.

» La cause de ce courant qui se manifeste, courant qu'on peut appeler universel, » c'est, outre la guerre et des entreprises exagérées, le besoin de l'exportation de » l'argent de l'Europe vers l'Inde et la Chine. Si ce courant se maintenait, si, comme le » supposait l'honorable M. Osy, il arrivait un jour où la France serait obligée de lâcher » sa dernière pièce de 5 francs, je le demande, combien vous en resterait-il ?

» Il ne faut donc pas se dire : nous maintiendrons à jamais, envers et contre tous, » notre système d'argent ; car, je le répète, si le mouvement actuel continue, ou bien » vous n'aurez plus qu'une circulation de papier, ou bien vous changerez votre régime » monétaire.

» Ce régime, si je ne me trompe, ne se compose pas de théories, il se compose » principalement d'intérêts. En général, considérant une nation comme un particulier, il » faut s'attacher à faire sa circulation au meilleur marché possible... » (Après avoir dit que, dans certaines conditions, une circulation partielle de papier, loin de prouver un état d'infériorité ou d'appauvrissement, est souvent un indice de progrès et de supé- riorité, j'ajoutais :) « L'intérêt national consiste à avoir une monnaie qui, relativement à » l'autre, soit au meilleur marché... Le système qui consisterait à vouloir, en opposition » avec les faits, maintenir pour la Belgique seule soit une communauté légale de mon- » naie avec la France, lorsque les faits ont changé dans ce pays, soit la circulation » exclusive de l'argent, lorsque l'argent s'en va, serait *une véritable utopie* et, en outre, » *une idée anti-économique...* « (*Annales parlementaires,* session de 1856-1857, p. 274.

pose, en rendant l'emploi de l'argent indispensable, de le *forcer à revenir*. Pour moi, je suis loin d'être aussi exigeant : il me suffirait qu'on trouvât simplement un moyen de l'empêcher de partir. On ne le trouvera pas en suivant l'ornière où l'on se traîne et s'embourbe.

Après l'insuccès de l'expédient que l'on suggère, en indiquera-t-on un autre, meilleur? — je l'espère ; — plus mauvais? — cela ne se peut.

Permis à chacun, dans ses loisirs, de se complaire dans ce qu'il a fait, de déplorer ce que d'autres ont fait ou laissé faire ; la logique et l'expérience s'accordent pour poser cette alternative inexorable : il faut demeurer en communauté monétaire avec la France en acceptant cette communauté complétement, pour l'or comme pour l'argent, avec ses inconvénients et ses avantages ; ou bien, il faut rompre entièrement, si l'on croit le moment venu de décréter quelque chose de raisonnable et de durable.

Je n'ai pas proposé à la Commission de voter l'admission immédiate de l'or français avec le cours légal ; je m'en suis abstenu, non par crainte d'un insuccès, mais par d'autres motifs, que je crois utile d'exposer.

La principale raison est celle-ci : il m'a paru, après mûr examen, qu'une solution absolue et, en quelque sorte, définitive dans les circonstances actuelles ne serait pas un acte de sagesse et de bonne administration. Un instant, j'avais incliné vers l'adoption du système monétaire à étalon d'argent, soit des Pays-Bas, soit de l'Allemagne. Un instant aussi la majorité de la Commission avait incliné dans le même sens. La réflexion et les objections très-graves qui se sont produites ont modifié l'avis de cette majorité, dont je faisais partie.

La Belgique, de l'an xi à 1825, de 1832 à 1859, a compté en francs et centimes : ce système monétaire se rattache intimement à tout le système décimal ; il est simple, facile ; il est consacré par des habitudes invétérées, et l'habitude des populations, en fait de monnaies, est la puissance la plus respectable ; ce n'est même que grâce à l'habitude que la monnaie acquiert pour les masses toute son utilité. D'autre part, nos relations d'affaires avec la France comprennent à elles seules près du tiers du mouvement général de notre commerce (1). Les changements de système monétaire occasionnent une perturbation, une gêne plus ou moins longue, parfois des pertes, des erreurs ou des difficultés, jusqu'à ce que l'éducation de tout le monde soit refaite à nouveaux frais. C'est l'œuvre du temps. Il n'est pas rare de rencontrer encore des gens qui ne savent compter qu'en florins courants et sols de Brabant; d'autres, en 1859, ne comptaient qu'en florins des Pays-Bas : il a fallu plus d'un demi-siècle pour faire oublier les pistoles et les livres de gros : depuis un demi-siècle on lutte, sans avoir entièrement réussi, pour l'adoption du système métrique. La nécessité est donc la seule excuse admissible pour un changement radical de système et, de plus, il faut la certitude morale de fonder quelque chose sinon de définitif, au moins de durable.

Rompre absolument avec le système monétaire actuel, adopter le florin des Pays-Bas ou le thaler d'Allemagne est donc une résolution très-grave, qui ne serait pas suffisamment justifiée et devant laquelle, après bien des hésitations et des doutes, que je confesse avec humilité, je reculerais aujourd'hui.

Je vais examiner avec la même franchise l'autre partie de l'alternative. En rétablissant immédiatement à tous égards, pour l'or comme pour l'argent, la communauté de régime monétaire avec la France, il est évident qu'en quelques mois l'or français se serait substitué à l'argent qui nous reste (belge pour 1/10, français pour les 9/10).

Je ne cède pas à ces craintes ridicules de voir, un jour donné,

(1) Voici les chiffres de 1858, non encore publiés :

Mouvement du commerce général avec les pays étrangers
(valeurs permanentes).

	Avec la France seule.	Mouvement total.
Importation	. . fr. 223,800,000	fr. 762,100,000
Exportation	 221,200,000	749,400,000
Total.	fr. 450,000,000	soit 30 p. c. de fr. 1,511,500,000

(Note de la nouvelle édition.) Les chiffres suivants se rapportent à l'année 1872 :

Commerce général.

	Avec la France seule.	Mouvement total.
Importation	. . fr. 638,225,000	fr. 2,320,300,000
Exportation	 558,466,000	2,100,200,000
Total.	fr. 1,196,691,000	soit 27 p. c. de fr. 4,420,500,000

pomper, comme on dit, tout le numéraire d'un pays : il n'est pas moins vrai que toutes les nations éclairées et prudentes ont tenu et tiennent à avoir leur monnaie, qu'elles en fabriquent pour remplacer le numéraire qui se perd ou s'en va, pour alimenter et activer la circulation, pour rendre les perturbations moins fortes, les crises moins intenses. La Belgique, au milieu de ses immenses progrès dans l'ordre matériel, n'a ni monnaie à elle, ni système monétaire ; elle ne peut fabriquer et probablement ne le pourra pas de longtemps. C'est un malheur, une situation mauvaise ; il me répugne de la lui voir accepter comme définitive. Je l'accepterais si je croyais que la conduite de tous les peuples industrieux et riches a été dictée par une vaine gloriole et non par un intérêt sérieux.

J'incline donc à ne pas précipiter, par l'adoption immédiate de l'or français, la marche naturelle des choses ; à ne pas livrer en un jour toute notre circulation à l'or français.

Ces répugnances sont encore fondées sur les considérations suivantes :

L'équilibre de la valeur relative de l'or et de l'argent est rompu : les uns ont prédit et ne se lassent pas de prédire une baisse de l'or très-forte et, pour ainsi dire, permanente ; d'autres persistent à douter. L'honorable rapporteur de la Commission, après avoir signalé les causes de la baisse probable de l'or, ajoute avec raison : *L'avenir seul décidera.* (Rapport, page 52.) C'est aussi, à mon avis, une raison décisive pour gagner du temps, pour attendre (sauf, bien entendu, à remédier, autant qu'il est possible, aux inconvénients de l'état actuel des choses), sans donner à la question monétaire aucune solution définitive qui engage ou préjuge l'arrêt attendu de l'avenir. Si, par exemple, l'accroissement des produits des mines d'argent, la découverte de gisements nouveaux, de meilleurs procédés de réduction du métal, la cessation ou la diminution des transports d'argent vers l'extrême Orient venaient coïncider avec un ralentissement de l'extraction de l'or, les valeurs relatives pourraient se rétablir comme elles étaient en 1847 ; il se pourrait même, au dire de quelques-uns, que, malgré l'abondance de production de l'or, la consommation en fît justice et qu'une baisse proportionnelle n'eût pas lieu.

Avant peu d'années, on battra peut-être d'un consentement

unanime de la monnaie belge en or à la Monnaie de Bruxelles :
qui sait? on y frappera peut-être de la monnaie d'argent sans
avoir mis en morceaux aucune pièce de 5 francs (1).

Il y a moins de danger, il y aura, pour le pays, moins de mal à
attendre quelque peu, qu'à prendre en ce moment une résolution
absolue et, en quelque sorte, définitive. — Je ne m'occupe plus,
ai-je besoin de le dire? du triste expédient qui consiste à tenter
l'impossible; je m'occupe des deux partis logiques et, en même
temps, efficaces qui peuvent être adoptés.

Un fait me frappe surtout. Quels que soient nos dissentiments
sur d'autres points, nous reconnaissons tous que la France, si la
situation actuelle dure, changera sa législation monétaire; nous
sommes même d'accord sur le changement que, d'après toutes
les probabilités, la France introduira dans ses lois. — Je disais
dans la note publiée au Rapport : « La France sera forcée bien-
» tôt de mettre sa législation écrite en harmonie avec les
» faits accomplis et acceptés... Pour elle, le retour à l'étalon
» unique d'argent est désormais impossible; les probabilités sont
» toutes en faveur de l'adoption d'un régime analogue au
» régime anglais (étalon unique d'or; argent simple appoint et
» surtaxé).

La Commission est plus explicite. « La France, dit-elle, a un
» moyen de parer à cette pénurie de monnaie d'argent et d'éta-
» blir, sans rompre avec les faits accomplis chez elle, un système
» logique : c'est d'abaisser le poids ou le titre de ses pièces
» d'argent en les réduisant à l'état de billon; *elle usera sans doute
» de ce moyen*, et si nous nous placions à la remorque de son
» système, nous l'imiterions dans ce changement *qui serait une amé-
» lioration*. Mais, on le voit, ce serait là le renversement complet
» de notre législation actuelle... (2). »

Malheureusement, l'accord entre nous ne dure pas. Je conclus

---

(1) Depuis 1865 la fabrication est devenue possible. A la fin de 1873 la quantité
produite sera de 310 millions de francs en argent (5 fr.) et de 219 millions en or
(20 fr.).

(2) Page 52. — Je cite, sans néanmoins comprendre qu'au point de vue de l'auteur
une réduction du franc au-dessous de 5 grammes à 9/10 puisse être une amélioration,
l'auteur ayant essayé de prouver que c'est une fraude faite au créancier.

de ces prémisses qu'il faut laisser les pièces de 5 francs comme elles sont, ne faire autre chose que soulager, par une mesure transitoire, les populations que l'or français envahit.

Mes honorables adversaires en déduisent, au contraire, qu'il faut se hâter d'épurer notre circulation en pièces de 5 francs, ajoutant toutefois que, si la France se contentait d'abaisser le titre, peut-être faudrait-il modifier le module de nos pièces. (Note n° 2, p. 52.)

Dans son programme, M. le Ministre des Finances posait ainsi la question (1ᵉ litt. *g*) : « Quelles mesures y aurait-il à prendre » si le Gouvernement français, modifiant sa législation monétaire, » faisait frapper des monnaies n'ayant plus la même valeur » intrinsèque que les pièces belges de la même dénomina- » tion? »

J'opinai sur la question à peu près en ces termes : Quand nous connaîtrons ce que le Gouvernement français aura résolu, nous verrons ce que nous avons à faire ; jusque-là nous mâcherions inutilement du brouillard. La forme, j'en conviens, était trop dure ou peu parlementaire, mais au fond je persiste.

Le *franc* est essentiellement français. On peut décréter en France la création de pièces de 5 francs du module actuel en réduisant le titre sans diminuer le poids, ou bien réduire le poids sans changer ni le titre ni le module, mais en faisant des pièces d'une moindre épaisseur, ou bien d'un module plus petit ou plus grand, avec altération soit du titre, soit du poids, soit de l'un et de l'autre : l'altération du titre ou du poids peut être faible ou forte ; on peut y introduire un autre métal, tel que l'aluminium ou le nickel, etc.

Quoi qu'il advienne, le nouveau franc français en argent diffé- rera en quelque chose, comme valeur intrinsèque, de ce magni- fique idéal de franc belge qu'il s'agit de restaurer ; il en différera ou n'en différera pas comme module, peu importe. Toujours est-il que les *masses aveuglées*, à peine instruites de la différence qu'il y a entre un franc d'argent et un franc d'or (français l'un et l'autre), auront besoin d'apprendre la différence qu'il y aura entre un franc d'argent et un autre franc d'argent ; toujours est-il que le Gouvernement belge se trouvera saisi et arrêté au milieu de l'opération *épuratrice* et obligé de remonnayer à nouveaux frais les pièces de 5 francs qu'ils vient de frapper : il se dira sans doute alors ce que j'ai l'honneur de dire aujourd'hui, qu'il valait mieux ne pas commencer pour ne pas devoir recommencer.

Je prends l'hypothèse la plus simple, la moins compliquée : la France, sans modifier ni le module ni le poids, frappera des pièces de 5 francs au titre de 850/1000 comme les monnaies divisionnaires que nous allons fabriquer en Belgique. Si vous ne faites rien, si même vous changez seulement le module, grâce à la *confusion que l'identité de nom jette dans les esprits* (style consacré), la Belgique sera inondée de francs d'argent français ; ils nous délivreront de l'or, Dieu merci, puisque l'or ne présente pas, comme ces pièces, une réduction de valeur intrinsèque de 5 1/2 p. c. ; mais en évitant le mal nous tomberons dans le pire.

Réduirez-vous le franc belge d'argent dans la même proportion? Je n'ose le croire ; vous m'avez trop souvent répété que le créancier de 5 francs a droit à 25 grammes d'argent à 9/10 de fin, que c'est le voler de ne pas les lui donner, que c'est réduire la fortune publique, élever le prix de toutes choses, etc.

Vous prendrez donc une autre disposition quelconque ; j'ignore laquelle, et le Gouvernement l'ignore comme moi ; mais quelle qu'en soit la nature, il faudra détruire ce que l'on vient de faire, renoncer à ce que l'on aura peut-être à peine commencé.

Un changement à la loi monétaire française quant à l'argent est probable et même prochain.

Attendez donc un peu, s'il vous plaît, avant de toucher à l'argent belge ou français.

Mais les plaintes sont vives, le malaise est grand dans certaines parties du pays ; l'or y circule exclusivement ; on trouve à peine ou même l'on ne trouve plus ce qu'il faut d'argent pour payer les contributions, et l'État seul, certain qu'il est d'être payé à cause des moyens expéditifs et coercitifs dont il dispose, est aussi le seul créancier qui puisse toujours impunément ou sans dommage refuser la monnaie d'or.

Je me suis dit: Faisons disparaître ce privilége ; forçons l'État à recevoir l'or français au cours du jour en payement des impôts. Le contribuable subira une perte équivalente à une aggravation d'impôts, mais, du moins, il pourra payer ; la conséquence la plus injuste, la plus odieuse de l'état actuel de la circulation cessera.

Cette disposition transactionnelle et transitoire a été rejetée par sept voix contre trois.

On y fait deux objections. Les moindres variations du cours seraient exploitées contre l'État, soit par les contribuables, soit par les receveurs eux-mêmes. C'est assez d'énoncer celle-ci pour en démontrer la faiblesse ou l'insignifiance. Si les variations étaient brusques et considérables, la difficulté serait sérieuse : elle ne l'est pas en fait. Il sera toujours facile pour l'État de suivre, au moyen des tarifs hebdomadaires, les faibles fluctuations du marché, de déjouer ou de prévenir les spéculations et d'éviter les pertes.

La deuxième objection consiste à dire que, par la concession d'un avantage aux pièces d'or françaises, on retiendra forcément dans le pays celles qui y ont pénétré.

L'avantage de pouvoir donner l'or français au cours du jour ne me paraît pas bien considérable, ni digne d'envie. Tout au contraire, ceux qui auront perdu deviendront de zélés défenseurs du franc d'argent et n'accepteront plus le franc d'or qu'en cas d'absolue nécessité, à leur corps défendant. Au lieu de retenir forcément l'or français qui s'est traîtreusement infiltré dans le pays, j'avais compris, et je crois encore, que le Gouvernement l'exporterait, le remplaçant, autant que faire se peut sans perte, par de l'argent ; il pourrait toutefois le donner en payement au cours du jour à ceux qui voudraient l'accepter.

Si je m'étais trompé, si les deux objections étaient insolubles, je soutiendrais encore que ces inconvénients très-légers, comme il s'en présente de tous côtés, ne sont rien au prix des inconvénients qu'offrira *l'épuration* des pièces de 5 francs et que, expédient pour expédient, la Belgique, si elle était consultée, préférerait celui-ci.

Lorsque des plaintes s'élèvent, il est devenu de style, dans certain monde, de traiter fort durement et de malmener en paroles les auteurs de ces plaintes. Ce sont gens avides qui, après avoir vendu plus cher leur marchandise payable en or qu'ils ne l'eussent vendue payable en argent, veulent gagner sur la monnaie reçue et imposer une perte à leurs concitoyens ;

ce sont des spéculateurs qui ne craignent pas d'écrire à leur banquier de Paris de leur envoyer de l'or (1).

Il est un fait certain : les populations qui n'ont pour leurs transactions journalières qu'une monnaie dépourvue du cours légal, une monnaie repoussée par l'État quand elles veulent s'acquitter envers lui, doivent souffrir et éprouver chaque jour des pertes. Elles sont encore gênées et elles perdent, si la monnaie dont l'acceptation est seule obligatoire n'existe qu'en trop faible quantité. Le créancier, lorsqu'il veut bien accepter l'or, fixe à son gré la perte que le débiteur, n'ayant d'autre moyen de libération, est forcé de subir : il la fixe peut-être trop souvent de manière à être lui-même indemne ou à gagner. Dans ces luttes incessantes, tous souffrent ; c'est surtout le faible qui pâtit.

Rarement, si jamais, le vendeur fixe le prix d'après la monnaie à recevoir. La concurrence, et non la volonté individuelle, règle le prix.

Les pétitions des particuliers et des autorités constituées qui viennent troubler la paix du système établi méritent bienveillance, indulgence et sympathie, parce que les souffrances sont réelles et surtout parce qu'elles proviennent des vices de la législation. Je regrette beaucoup de n'avoir pas découvert, en dehors du cours légal de l'or français, un moyen efficace de procurer immédiatement à tous l'un des plus grands bienfaits matériels qu'une société bien organisée puisse donner aux citoyens : une circulation abondante et facile en monnaie légale, qui ne doive pas être pesée et qui ne puisse être refusée. Si d'autres trouvent ce moyen, j'en féliciterai le pays. En attendant, c'est un devoir d'atténuer le mal. La proposition tendante à permettre le payement des contributions en or français, au cours du jour, aurait ce résultat.

Le seul moyen rationnel, efficace, de détruire le mal, c'est l'admission de l'or français comme monnaie. Je suis porté à croire, par les motifs que j'ai exposés, qu'il vaut mieux attendre

______

(1) La pièce de 20 francs, quand la cote officielle la porte à 19 fr. 92 c., subit une perte de 4 par mille, perte égale à celle des pièces de 5 francs non justiciables des ciseaux. Ce n'est pas précisément, je le sais, le pair des monnaies qui est constaté par cette cote, mais le cours du change. Si un très-grand nombre de Belges de toutes les provinces n'avaient commis cet acte grave d'écrire à leur banquier d'envoyer de l'or, le change pourrait être à 2 p. c. de perte, et au delà.

encore un peu avant d'adopter un *système monétaire* remplaçant les choses incohérentes ou impossibles que l'on décore de ce nom usurpé.

Vainement, dans le programme tracé à la Commission, M. le Ministre des Finances suppose-t-il le maintien du régime établi par la loi de 1850 ; vainement déclare-t-il à la Chambre que ce régime est *définitivement consacré*. La principale question monétaire est là. Le régime, quoi qu'on dise et quoi qu'on fasse, est en discussion : le rapport de la Commission le prouve. Les aveugles volontaires seraient les seuls qui ne le reconnaîtraient pas (1).

Je termine ici ces observations, dictées par le seul désir de remplir complétement le mandat que j'ai accepté : elles viendront en temps utile ; le Gouvernement n'a pas émis jusqu'ores d'opinion formelle sur la question traitée dans cet écrit. Sans prétendre aborder en ce moment toutes les parties du débat, j'ai voulu développer les motifs énoncés dans la note sommaire remise à la Commission des monnaies ; cette note étant l'abrégé le plus exact des considérations que je soumets au Gouvernement, aux Chambres, au pays, je la reproduis à titre de résumé et de conclusion :

« Je déclare ne pouvoir me rallier aux propositions faites par la majorité de la Commission, en ce qui concerne les pièces de 5 francs.

» En supposant, gratuitement peut-être, que ces mesures puissent recevoir une complète exécution et que l'on ne doive pas reculer devant les plaintes du public vexé et lésé, l'effet en sera d'enlever à notre seul agent légal de circulation le principal caractère et l'utilité la plus certaine de la monnaie. Il y aura

---

(1) En 1850, le Ministre des finances (l'honorable M. Frère), en proposant de faire cesser le cours légal des monnaies d'or étrangères, n'avait pas l'intention de *consacrer définitivement* un système ; il expliquait le projet et le défendait comme une loi de circonstance, une mesure de précaution, et réservait la question de principe.

Il disait dans l'exposé des motifs : « On ne peut, à l'occasion de ce projet de loi,
» décider s'il faut conserver ou non le double étalon monétaire et dans quelles conditions
» on pourrait l'établir. — Cette question est trop grave pour être résolue incidemment.
» Le Gouvernement en fera l'objet de toute sa sollicitude et soumettra à la Chambre,
» quand le moment lui paraîtra opportun, le système qu'il jugera le meilleur. »

défiance, sinon discrédit. Les petites et moyennes transactions, les plus nombreuses, et qui se soldent en argent, ne pourront se régler avec sécurité, à moins que chaque Belge ne soit muni d'une balance de précision. La monnaie qui doit être pesée n'est plus de la monnaie d'après les habitudes de la Belgique. Les Chinois seuls paraissent en avoir d'autres.

» Au lieu de remédier aux difficultés actuelles, on en fera naître de nouvelles.

» On n'empêchera pas l'importation des pièces frustes et usées : elles continueront à se glisser parmi les bonnes, parce que les causes de l'importation subsisteront et vu l'impossibilité du pesage de chaque pièce à chaque payement.

» S'il en est ainsi, la lésion pour les particuliers ne se produira, il est vrai, que dans les rapports avec l'État. Les receveurs devront non point refuser les pièces trop légères, mais les saisir et les couper ; le payement des contributions deviendra ainsi un peu moins agréable qu'il ne l'est aujourd'hui ; mais le droit de couper les monnaies offertes en payement d'une dette ne peut assurément être conféré qu'à des fonctionnaires publics incapables d'en abuser. Il ne suffira pas de faire cette opération une fois ou pendant quelque temps ; il faudra couper sans cesse, sous peine de n'avoir obtenu aucun résultat.

» Les Gouvernements sages s'ingénient, quand les transformations monétaires sont devenues inévitables, à les opérer d'un coup, afin de n'ébranler pas l'opinion, et à mettre la perte, autant qu'il est raisonnable, au compte du Trésor, afin de n'ébranler point la confiance et la sécurité. Les propositions tendent, au contraire, à placer la monnaie en état de suspicion permanente et à imposer la perte provenant du frai au dernier détenteur, victime et non cause du mal. L'expérience prouvera peut-être qu'en s'écartant des principes généralement suivis, l'on ne peut aboutir dans un pays libre.

» Depuis des années, on se heurte, en Belgique, contre une impossibilité.

» On veut conserver la communauté de système monétaire avec la France, en tant que ce système est écrit dans les lois françaises, et quant à l'argent seulement. Par des causes diverses, le système français est aujourd'hui dénaturé en fait ;

l'or s'est substitué à l'argent, qui émigre avec bénéfice : le Gouvernement, malgré les *aurophobes* de ce pays, n'a porté des lois ni contre l'émigrant, ni contre l'arrivant. On peut prévoir le jour où cette substitution sera complète, à moins qu'un courant en sens contraire ne se produise.

» La prétention de la Belgique est donc de rester commune en système monétaire avec la France quant à l'argent, qui bientôt ne sera plus en France, et de repousser l'or, qui seul y sera. La prétention est encore de conserver une circulation-argent sans avoir fabriqué même le dixième de cette circulation (1) et en demeurant dans l'impossibilité de fabriquer et de reproduire le signe monétaire. Nous vivons des restes du voisin et voulons qu'il continue à nous en donner lorsqu'il n'en aura plus.

» Dans cette situation, quoi qu'on fasse pour épurer constamment la circulation en argent français, l'or continuera à nous envahir; la gène, les difficultés et les pertes ne feront que s'aggraver de jour en jour ; les plaintes fondées qui émeuvent une partie de nos provinces deviendront plus générales et plus puissantes.

» Il n'y a que deux solutions logiques et qui soient efficaces :

» Ou bien, il faut rester en communauté de système monétaire avec la France en acceptant le système de ce pays tel qu'il est en fait, c'est-à-dire pour l'or, devenu agent principal, comme pour l'argent;

» Ou bien, il faut rompre cette communauté et adopter soit le système-argent d'une autre nation voisine, soit un système-argent particulier à la Belgique et qui mette sa monnaie en rapport avec la valeur vraie du métal.

» Ces deux solutions absolues peuvent, sans doute, soulever de graves objections dans les circonstances actuelles. La France sera forcée bientôt de mettre sa législation écrite en harmonie avec les faits accomplis et acceptés. Il serait téméraire de prédire, d'une manière positive, ce qu'elle fera ; mais il est évident que, pour elle, le retour à l'étalon unique d'argent est désormais impossible et que les probabilités sont toutes en faveur de l'adop-

---

(1 Ces expressions ne peuvent évidemment s'entendre que des quantités fabriquées qui sont demeurées dans la circulation.

tion d'un régime analogue au régime anglais (étalon unique d'or ;
argent, simple appoint et surtaxé).

» Ne voulant aujourd'hui ni adopter l'or français comme
monnaie légale, ni rompre une communauté que de longues
habitudes ont consacrée et que les relations si étendues des deux
pays rendent précieuse, on pourrait se borner à recevoir cet or
en payement des contributions à un cours qui serait fixé chaque
mois pour le mois suivant, par le Ministre des Finances, d'après
l'état du marché.

» Cette mesure transitoire, sous le régime de laquelle on
attendrait les modifications devenues inévitables en France, ne
ferait encourir à l'État aucune perte : elle éviterait les pertes
exagérées et sans cesse répétées que subissent les classes
ouvrières, le petit commerce et l'agriculture, et ferait disparaître, en grande partie, la gêne toujours croissante qui existe
dans la circulation.

» En dehors de l'une de ces dispositions définitives ou transi-
toires, on ne peut guère recourir qu'à des palliatifs ou à des
expédients, dont les inconvénients seront réels et sensibles et
dont le succès est au moins problématique. La force des choses
en aura raison. »

10 octobre 1859.

J. MALOU.

DE L'ADOPTION LÉGALE

L'OR FRANÇAIS.

(10 DÉCEMBRE 1860.)

En publiant, au mois d'octobre 1859, quelques considérations sur la question monétaire, je me suis proposé de démontrer, en premier lieu, que la *réforme rationnelle* préconisée par la majorité de la Commission dont j'avais fait partie n'était ni juste, ni politique, ni opportune, ni exécutable, et que, fût-elle exécutée, elle demeurerait inefficace ; en second lieu, que la Belgique se heurte contre une impossibilité quand elle prétend rester commune en système monétaire avec la France quant à l'argent, qui bientôt ne sera plus en France, et repousser l'or, qui seul y sera : d'où cette alternative, posée par la logique et par l'expérience, de rester en communauté complète ou de rompre toute communauté monétaire si l'on veut dès à présent une solution définitive.

Il est utile de le rappeler (car tout le monde, y compris la majorité de la Commission elle-même, paraît l'avoir oublié), cette réforme rationnelle, éloquemment défendue par M. Eudore Pirmez dans son rapport, d'ailleurs très-remarquable, consistait à épurer la monnaie d'argent en coupant en morceaux toutes les

pièces de 5 francs qui avaient perdu un décigramme de leur
poids (un dix-millième de kilogramme). L'épuration était présentée comme un remède souverain, nécessaire, urgent. « En ren-
» dant l'emploi de l'argent indispensable, il faut, nous disait-on
» alors, le forcer à revenir et rétablir, aussitôt que possible, notre
» circulation-argent au point où elle était il y a quelques années.
» C'est donc en maintenant dans son intégrité notre système
» qu'il faut chercher à le faire prévaloir. »

Plus de quinze mois se sont écoulés ; de nombreux écrits ont
été publiés ; la question monétaire a reparu plusieurs fois à
l'ordre du jour de la Chambre des Représentants. Ni l'honorable
Ministre des Finances qui, dans le programme tracé à la Commission, la provoquait à examiner l'idée de couper les pièces de
5 francs, ni le président, ni le rapporteur de la Commission,
ni personne ne paraît plus senger à transformer en loi cette
proposition. Cet enfant, n'étant pas né viable, a été abandonné
au berceau par ses parents, qui n'ont pas même pris souci de lui
donner les honneurs d'une sépulture convenable.

Il y a plus : personne n'indique un autre moyen quelconque
de maintenir dans sa pureté ce que l'on appelle pompeusement
notre système monétaire : il semble décidément condamné à
vivre ou à mourir abandonné des médecins. On pourrait, sans
beaucoup s'aventurer, promettre une récompense honnête à qui
soutiendrait l'idée de tailler en pièces les écus de 5 francs,
car ceux qui pourraient entrer en lice, en reprenant la proposition abandonnée par ses auteurs, préféreront sans doute
concourir pour l'un des prix de vertu fondés par feu M. de
Montyon.

Et pourtant, si cette réforme n'était pas nécessaire ou utile,
pourquoi la proposer ? Si elle est utile, nécessaire et urgente,
pourquoi l'abandonner ?

Ce serait aujourd'hui une impardonnable illusion de croire
que *notre système* monétaire va se rétablir de lui-même, par
ses propres forces ; qu'il suffit d'attendre, sans rien faire. Le
Ministre des Finances, en instituant la Commission spéciale de
1859, la Commission, en indiquant des mesures à prendre
aussitôt que possible, ont implicitement déclaré qu'ils ne se font
pas illusion sur ce point. En effet, chaque fois que des solutions

négatives sont intervenues, la question a reparu le lendemain ce qu'elle était la veille ; par voie de simple négation, on n'a obtenu et l'on n'obtiendra que des résultats négatifs ou nuls.

Mon honorable ami M. le baron Cogels, intrépide et brillant défenseur du système existant, écrivait, le 25 novembre 1859 (*Journal de Bruxelles* du 29) : « La Chambre des Représentants « vient d'ordonner le dépôt au bureau des renseignements de « cette avalanche de pétitions dont elle ne cessait d'être assaillie, « malgré ses votes antérieurs. Il faut espérer que messieurs les « pétitionnaires abandonneront enfin la partie, et qu'ils renon- « ceront à renouveler les démarches qui ne peuvent avoir d'autre « résultat que d'aggraver le mal auquel ils voudraient mettre « une fin. »

Cet espoir ne s'est pas réalisé : bien au contraire. Si un vote, mettant quelques pétitions aux oubliettes parlementaires, pouvait supprimer ou atténuer le mal, ce miracle serait opéré depuis longtemps, car il existe plusieurs votes de dépôt au bureau des renseignements : des pétitions ont même été passées au fil de l'épée par *l'ordre du jour*, si j'ai bonne mémoire.

Ces votes n'ont point arrêté l'action des causes qui produisent la situation monétaire actuelle de la Belgique : l'or français n'a pas cessé d'envahir notre circulation ; les vœux de corps consti- tués, de commerçants et d'industriels n'ont pas cessé d'être exprimés avec plus d'énergie et plus d'unanimité que jamais : plus que jamais aussi, la nécessité d'une solution positive se fait sentir.

On avait suggéré en 1859, il est vrai, un autre moyen, qui con- sistait à éclairer les *masses aveuglées*, à publier sans cesse et par- tout que le franc d'or ne vaut pas le franc d'argent. Ce moyen a été tenté de deux manières, mais sans plus de succès. Ainsi, chaque jour le *Moniteur*, employant jusqu'à satiété la répétition, la plus puissante des figures de rhétorique, publie par un entre- filet, mais en grande évidence, la cote officielle du franc d'or, et tous les organes de la publicité font comme lui. Ainsi, l'on a répandu partout une brochure sur la *question de l'or*, contenant les extraits du rapport de M. Pirmez et les documents les plus hostiles à ce métal usurpateur. Tout cela n'a rien fait. J'aurais voulu, du reste, pour que l'épreuve fût complète, que les partisans de notre système monétaire eussent pris la peine de condenser leurs idées en quelques pages, sous une forme populaire, saisissable par tous, sans phrases, ni science, ni statistique, et que cet écrit eût été distribué à cent mille exemplaires édités dans les deux langues. On aurait mieux constaté de cette façon que la publicité et le progrès des lumières, sur lesquels se fondent aujourd'hui les dernières espérances des partisans du régime actuel, ne peuvent rien pour en prolonger la durée.

Le mal existe et s'aggrave. Quelles en sont les causes? de quelle nature est-il?

Il y faut un remède. Puisque le projet de la majorité de la Commission est abandonné, que les votes d'ordre du jour ou de dépôt au bureau des renseignements et les moyens de publicité employés pour éclairer l'opinion demeurent inopérants, quel autre remède peut-on essayer?

Examinons ces deux points avec la sollicitude que réclament, à bon droit, de grands et respectables intérêts.

Nous avons pour seule monnaie légale l'argent, au titre et au poids fixés par la loi de germinal an XI. Ce qui circule de cette monnaie est composé, en moyenne, de 87 centièmes de pièces françaises rebutées par les trieurs, plus ou moins usées, et de 13 centièmes de pièces frappées en Belgique. Du reste, il en circule peu ; une grande partie gît dans les caves de la Banque Nationale, où l'amène sans cesse la pompe aspirante de la perception des impôts. La circulation réelle est presque partout d'or et de papier. Les monnaies divisionnaires, surtout celles qui servent aux plus petites transactions, sont dans un état déplorable quant à la valeur intrinsèque, comme la Commission l'a constaté. Le bronze français, en attendant que nous ayons le nickel, se substitue peu à peu à notre cuivre lourd et disgracieux.

Une monnaie légale passablement altérée, d'origine étrangère, passant insensiblement à l'état de mythe ; une monnaie de fait, aussi d'origine étrangère, servant, concurremment avec la monnaie fiduciaire, aux besoins des transactions ; de petites monnaies qui, le plus souvent, ressemblent plus à de vieux boutons qu'à tout autre chose, tel est, en réalité, notre bienheureux régime monétaire.

Faut-il s'étonner si les plaintes s'élèvent partout? N'y aurait-il pas, au contraire, des motifs d'admirer la patience avec laquelle nos populations intelligentes, laborieuses, actives supportent un pareil état des choses ?

J'ai lu de savantes et compendieuses dissertations, plus ou moins officielles, destinées à prouver qu'il ne faut qu'un étalon, et à célébrer les mérites ou la supériorité de l'argent comme étalon.

Eh bien ! soit ; mais il faut un étalon, et nous n'en avons pas. L'argent vaut mieux que l'or comme monnaie, soit encore. Si nous étions les maîtres de régler la marche des choses dans l'univers entier, au gré de nos désirs, je dirais peut-être aussi que je préférerais avoir l'étalon d'argent. Mais ne pouvoir tenir l'argent comme agent de circulation réelle et proscrire l'or qui, de fait, quoi qu'on dise, est devenu cet agent, c'est trop de moitié. C'est, en effet, n'avoir point d'étalon, ni de système monétaire, que de vivoter des bribes usées de la circulation du voisin, de se placer de gaieté de cœur dans l'impossibilité permanente soit de fabriquer de la monnaie légale, soit de s'en procurer ailleurs.

Aucun peuple n'est, de nos jours, dans une situation monétaire analogue à celle de la Belgique. Les uns ont adopté l'or et s'y tiennent fermement ; d'autres ont et conservent la monnaie d'argent dans des conditions que la raison et l'expérience avouent. D'autres encore, au grand scandale des vrais principes, ont la monnaie d'argent, sans exclusion de l'or. La Belgique seule ne veut pas l'or et prétend conserver l'argent dans des conditions impossibles. Ce qui existe en Belgique ne peut être comparé qu'à ces images négatives dont les photographes font emploi, images dans lesquelles la lumière est rendue par des teintes obscures, tandis que les ombres ressortent en blanc. Nous avons pris l'image négative du système français.

Tel est notre régime monétaire belge, unique dans le monde : le système français de droit, moins le système français de fait. Un très-grand nombre d'ingrats, ou peut-être de mauvais citoyens, s'en plaignent et pétitionnent. Quelques Belges, au contraire, y tiennent fermement, écrivent beaucoup pour le vanter et cherchent en vain à faire des prosélytes. Les circonstances ont créé cette situation malgré eux et malgré nous : aussi ne se portent-ils point comme inventeurs et n'ont-ils pris aucun brevet ; il n'y a d'ailleurs nul danger de contrefaçon.

Notre étalon monétaire existe donc dans le bulletin de nos lois : il y est soigneusement conservé ; mais impossible de le trouver autre part. Si le Gouvernement (seul il peut se permettre ce luxe) faisait frapper pour quelques millions de pièces de 5 francs, il perdrait de 20 à 25 mille francs par million ; ces pièces, droites de poids et de titre, disparaîtraient aussitôt ; ce serait une marchandise très-recherchée, puisqu'en l'exportant on ferait un bénéfice égal à peu près à la perte que l'État aurait subie. On ne peut donc créer de monnaie selon notre unique étalon qu'à la condition qu'elle ne soit pas mise en circulation ; en d'autres termes, qu'elle ne soit pas de la monnaie. Si on l'émet, elle disparaît. Les représentants réels de notre étalon y ressemblent de moins en moins, par le type, par l'usure, par les triages. Nous avons un agent de circulation correct et irréprochable, à la seule condition qu'étant tel il ne circule pas.

Cette situation monétaire est si originale que, sans doute, le pays en rirait s'il n'avait tant à en souffrir.

Mais survienne une crise, non point une de ces perturbations politiques semblables à celles de 1848, une simple perturbation financière, où en serions-nous ? Jadis, pour y parer, on puisait dans le réservoir français et, tant bien que mal, au prix de quelques sacrifices assez légers, on maintenait l'équilibre. — La nécessité immédiate de la crise, pour peu qu'elle soit violente, sera le cours forcé des billets.

La nature du mal étant définie, recherchons-en les causes.

On nous dit, avec un sérieux imperturbable, que la cause première est l'inobservation de nos lois ; on exprime un regret de ce que ces lois manquent de sanction.

Notre loi, comme celle de tous les peuples raisonnables, déclare que *nul n'est tenu de recevoir* en payement ce qui n'est pas monnaie légale ; mais elle ne défend rien et, sous peine de commettre une énormissime absurdité, elle ne pourrait rien défendre. Nul n'est donc tenu de recevoir autre chose que de l'argent frappé en monnaie légale ; les offres réelles, pour être valables et libératoires, doivent être faites en cette monnaie ; mais nul ne contrevient à la loi en acceptant en payement de l'or, des diamants, des souverains, du grain ou tout autre objet : légalement chacun est libre et doit l'être. Ceux qui attribuent le mal à cette cause n'ont pas pris la peine de lire les lois qu'ils invoquent, ni même la peine, beaucoup moins grande, de réfléchir un instant. Placés dans les hautes et sereines régions où trônent les théories, ils croient que les prétendus violateurs des lois, les mauvais citoyens qui acceptent l'or, ont le choix entre l'or et l'argent et choisissent le premier pour spéculer au préjudice de leurs concitoyens, comme si, l'alternative étant offerte, chacun ne préférerait pas l'argent, qui ne peut être refusé par personne. Dans la vie réelle, par suite de notre mauvais régime monétaire, l'alternative, le plus souvent, est d'être payé en or ou de n'être pas payé. Il est, dès lors, assez naturel, en l'absence de toute prohibition légale, que l'on préfère être payé en or et que le nombre des bons citoyens assez riches et assez vertueux pour se passer de vendre ou d'être payés (même en or) soit excessivement petit.

Se trouvera-t-il un jour des défenseurs désespérés d'un système qui tombe en pièces, voulant prohiber l'or à l'entrée, l'argent à la sortie, ou bien punir d'amende ou de prison ceux qui acceptent en payement tout autre objet, tout autre métal que la monnaie légale? Jusqu'à preuve du contraire, il est permis d'en douter : mais aussi longtemps que de telles lois qui, sans être efficaces, seraient assurément très-bizarres, ne sont point décrétées, il est bon de lire les lois comme elles sont ; il est sage de ne plus attribuer le mal à l'inobservation des lois.

L'altération en fait de ce qu'on nomme notre système monétaire, l'invasion de l'or français se substituant de plus en plus à l'argent qui circulait, n'est ni contestée, ni contestable. On est d'accord sur le *diagnostic.* C'est déjà quelque chose.

Les causes de ce fait sont de deux espèces : les unes générales, les autres particulières à notre pays.

Quant aux causes générales, la divergence des opinions est, sur plusieurs points, plus apparente que réelle et n'a pas l'importance pratique qu'on y donne trop souvent. Aussi ne m'y arrêterai-je pas longtemps. La production de l'argent est demeurée à peu près stationnaire : la production de l'or s'est accrue subitement d'une manière inattendue dans le cours des dix dernières années. L'or est recueilli à l'état natif : l'argent ne se trouve qu'à l'état de combinaison, et la chimie moderne, qui s'est signalée par tant de prodiges, n'a pas encore découvert un moyen industriel, *id est* plus économique que le mercure, pour le traitement de ces minerais. Aux deux extrémités du monde, en Australie et en Californie, la race anglo-saxonne recherche et produit l'or avec cette énergique activité qui la caractérise. Les plus belles mines d'argent sont aux mains d'un peuple qui se débat dans les convulsions d'une longue anarchie. Ces richesses immenses sont très-imparfaitement exploitées. Les mines d'argent du district de Washoe, nouvel Eldorado découvert il y a quelques mois à peine, ne sont encore qu'une lointaine espérance pour l'accroissement de la production de ce métal.

Le rapport de la valeur de l'or à celle de l'argent n'est pas établi de la même manière par tous les peuples. Le rapport légal fixé par la loi de germinal an xi était 15 1/2 à 1. L'opinion des Indous n'admet pas un écart aussi grand : celle des Chinois établit un écart moindre encore.

Les relations commerciales sont plus actives, plus nombreuses, plus faciles, les transports sont plus rapides, plus économiques de nos jours qu'ils ne l'ont été en d'autres temps.

Différence relative de la production des deux métaux ; appréciations diverses de leur valeur relative ; courants commerciaux; besoins variables de l'un ou de l'autre métal dans telle ou telle partie du monde ; intérêts non moins variables à se servir, à cet effet, de l'un plutôt que de l'autre : telles me paraissent être les causes générales, pour exprimer en quelques mots celles dont l'action est prépondérante (1).

Ainsi, pour l'Europe occidentale et pour d'autres contrées, les valeurs relatives de l'or et de l'argent sont changées depuis quelques années : selon toutes les probabilités, l'écart doit augmenter encore un peu. Les uns l'attribuent exclusivement à la baisse de l'or, d'autres non moins exclusivement à la hausse de l'argent. Un tiers-parti croit que la vérité est quelque part entre ces deux assertions absolues et contradictoires. On peut écrire des volumes

____

(1) La savante étude statistique historique et économique publiée par M. le chanoine de Haerne sur la Question monétaire considérée en général m'est parvenue lorsque mon manuscrit était déjà aux mains des compositeurs. — Nous aboutissons, par des voies différentes, à la même conclusion.

à ce sujet, sans se convaincre, mais aussi sans faire avancer d'un pas la question monétaire, telle qu'elle se présente en Belgique.

Toujours est-il, quant à nous, que l'argent jouit d'une forte prime, que les demandes pour l'exportation sont constantes, s'accroissent et dépassent les quantités introduites et nécessaires aux besoins : d'où cette conséquence, que l'or se substitue à l'argent partout où il est possible, en vertu de cette loi proclamée par tous les économistes, confirmée par l'autorité des faits, que, deux monnaies étant en présence, la plus faible prend la place de la plus forte, si cette substitution peut se faire.

Elle a pu se faire en France : le Gouvernement de ce pays, à tort ou à raison, de gré ou de nécessité, l'a laissée s'opérer : elle continue, et je dis avec mon honorable ami M. Cogels (lettre du 25 novembre 1859) que, « sans secousse, l'or expulsera la dernière pièce d'argent français frappée aux conditions actuellement en vigueur. »

Elle s'est faite en Belgique; elle y continue, malgré les discours, les brochures, les votes des Chambres. L'épuration proposée en 1859, si elle avait pu se réaliser, bien loin d'y mettre un obstacle, aurait été une cause accélératrice du mouvement.

Tant que la cause subsistera, l'effet se produira, quoi qu'on dise et quoi qu'on fasse.

C'est pour moi une conviction qui remonte à plusieurs années : les faits qui s'accomplissent l'ont fortifiée. Je l'exprimais en ces termes à la séance du 11 décembre 1856 : « Il ne faut pas se dire : Nous maintiendrons à jamais, envers et contre tous, notre système d'argent ; car, je le répète, si le mouvement actuel continue, ou bien vous n'aurez plus qu'une circulation de papier, ou bien vous changerez votre régime monétaire... Le système qui consisterait à vouloir, en opposition avec les faits, maintenir pour la Belgique seule soit une communauté légale de monnaie avec la France, lorsque les faits ont changé dans ce pays, soit la circulation exclusive de l'argent, lorsque l'argent s'en va, serait une véritable utopie et, en outre, une idée anti-économique. »

J'ai développé, aux pages 21 et suivantes (1) du petit écrit que j'ai publié en 1859, les motifs de cette opinion.

____

(1) Pages 10 et suivantes de la nouvelle édition.

Il y aurait pourtant une réponse à me faire. Voici la seule qui me paraîtrait péremptoire :

Pour nous entendre sur les principes, supposons qu'en fait il n'y ait encore dans la circulation en Belgique que 200 millions en or français. Pourquoi y sont-ils venus ? Ce n'est pas assurément pour le plaisir de vexer ceux qui tiennent fermement à notre système monétaire ; c'est parce que le mouvement des affaires, les besoins les ont amenés, en d'autres termes parce que ces 200 millions sont nécessaires à la circulation.

Eh bien ! qu'on trouve, sans rompre notre communauté légale (non de fait) avec le système français, un moyen de remplacer dans la circulation ces 200 millions par de l'argent, un moyen de les expulser et de les empêcher d'expulser de nouveau, à leur tour, l'argent qu'on aurait mis à leur place. — et, ce prodige accompli, je rends les armes, je deviens fanatique partisan de *notre système.*

C'est peut-être trop exiger : ne demandons pas l'expulsion de l'or usurpateur. Il me suffirait, pour me déclarer vaincu, que l'on trouvât un moyen pratique d'empêcher cet or d'envahir de plus en plus notre circulation et d'empêcher l'argent de partir.

Cette réponse, la seule qui prouve quelque chose, est aussi la seule qu'on ne donnera pas.

L'étude des causes de la situation actuelle et l'observation des faits généraux me font considérer l'admission légale de l'or français en Belgique, dans un avenir rapproché, comme aussi assurée, avec les mêmes probabilités, que le lever du soleil chaque matin, pendant quelques années. Il n'est pas physiquement impossible que l'horloge des mondes se détraque et que le chaos succède tout à coup, de nos jours, à l'ordre admirable établi par le Créateur depuis des milliers d'années, et déterminant les mouvements dont nous sommes les témoins éphémères. De même, il n'est pas physiquement impossible que les pièces de 5 francs nous restent ou nous reviennent avant que nous soyons contraints à donner cours légal à l'or français ; mais, pour l'un et l'autre phénomène, les chances me paraissent égales, c'est-à-dire infiniment petites.

La France, chacun le reconnaît, ne pourrait plus, par la seule force de la loi, revenir à l'étalon d'argent. Elle a laissé s'accomplir la révolution monétaire qui touche à son terme.

La Belgique a protesté contre cette même révolution monétaire par ses lois; mais, nonobstant ces vaines protestations, elle s'est accomplie plus qu'à moitié, peut-être aux deux tiers.

Pourrait-elle, mieux que la France, revenir à l'étalon d'argent, en fait, par la circulation réelle, non à cet étalon métaphysique et abstrait qui existe seulement dans le *Bulletin des lois?* Elle le pourrait, en adoptant le florin, ou le thaler, ou toute base qui n'est pas le franc, mais non d'une autre manière.

Or, dans le pays s'élèverait une immense clameur de haro si quelqu'un, non par forme de plaisanterie ou pour montrer quelles sont les conséquences d'un faux principe, proposait de renoncer aux francs et centimes pour apprendre à compter soit en thalers, silbergrosschen et pfennings, soit en florins, cents ou kreutzers.

Donc l'option est faite; on est en droit de le dire : la Belgique serait à peu près unanime pour vouloir le maintien du principe essentiel de sa loi de 1832, la communauté du système monétaire avec la France.

Puisqu'il en est ainsi, il ne reste plus qu'à discuter des questions d'opportunité, au point de vue des intérêts publics et privés, et le débat se réduit à ces termes : Vaut-il mieux prévenir la nécessité que la subir ? Vaut-il mieux légaliser aujourd'hui que demain le cours de l'or français? Qu'avons-nous à souffrir en ne l'adoptant pas? Qu'avons-nous à craindre en l'adoptant?

Bien convaincu, depuis plusieurs années, que la Belgique n'évitera pas l'adoption de l'or français comme monnaie légale, je n'ai jamais éprouvé l'impatience de ceux qui, doutant d'un résultat, veulent l'amener d'une façon artificielle ou brusque : j'ai attendu comme ceux qui croient. Appelé, en 1859, par la confiance de M. le Ministre des Finances, à faire partie de la Commission des monnaies, j'ai voté encore contre l'adoption immédiate de l'or. Cette mesure, on ne peut se le dissimuler, n'est pas exempte d'inconvénients; j'en ai signalé quelques-uns dans la *brochurette* publiée au mois d'octobre 1859, à laquelle je me réfère sur ce point comme sur d'autres, voulant éviter de fastidieuses redites ; mais, d'une part, on proposait alors la fameuse *réforme rationnelle* par épuration, qui devait rendre à notre système décrépit toute la splendeur de la jeunesse et même *forcer l'argent à revenir :*

d'autre part, j'indiquais un expédient transitoire pour faire cesser du moins ce que j'appelais la conséquence la plus injuste, *la plus odieuse* de l'état de la circulation.

C'était la tarification périodique de l'or, mais uniquement pour les rapports des contribuables avec le trésor public. La tarification à l'égard des particuliers, pour toutes les transactions, serait une mesure détestable : elle ôterait à la monnaie son caractère principal, son utilité. Je ne puis croire qu'elle soit sérieusement proposée : elle serait, sans nul doute, vivement combattue par ceux qui ont repoussé mon expédient restreint, par tous ceux qui préconisent la supériorité de l'argent comme étalon monétaire, à raison de la plus grande fixité qu'ils lui attribuent.

L'expédient, en sa qualité de moyen terme, eut la mauvaise chance de ne satisfaire personne; je n'en fus ni découragé, ni surpris. Aujourd'hui plus qu'alors, et à meilleur droit, l'or, puissance révolutionnaire qui a la conscience de sa force et l'orgueil de ses triomphes, dirait le célèbre mot : *il est trop tard* pour les petites et mesquines réformes.

C'eût été une témérité bien grande, au surplus, lorsque tant d'honorables collègues, hommes de science et d'expérience, animés d'excellentes intentions, mus par des convictions aussi sincères, aussi inébranlables que les miennes, croyaient avoir trouvé un moyen de salut pour le régime monétaire de la Belgique, de proposer, avant d'avoir tenté ce moyen, l'adoption légale de l'or français.

Cette idée de réforme radicale qu'est-elle devenue ? Je l'ai dit au début de ces pages, elle paraît être allée

Où va toute chose,
Où va la feuille de rose
Et la feuille de laurier.

Adonc, nous sommes tous complétement libres, dans les circonstances actuelles, pour examiner s'il y a lieu de reconnaître comme une puissance légitime l'or français, devenu de fait le principal agent de la circulation monétaire en Belgique. J'ai même, pour me déclarer libre, moins de frais à faire que plusieurs de mes honorables adversaires.

Je pose à dessein la question en ces termes : Y a-t-il lieu de reconnaître comme agent de circulation de droit notre principal agent de circulation de fait, l'or français ? Je le fais pour deux motifs, parce que c'est le véritable terrain du débat, parce que j'élimine ainsi une assez faible objection que voici :

« L'argent, dit-on, ne manque pas à la Banque Nationale : allez-y ; elle vous donnera de beaux et bons écus puisés dans son réservoir de soixante millions. » — Allez-y, c'est facile ; mais, si je n'ai que de l'or à lui présenter, je devrai subir, devant ses prétendus soixante millions, le supplice de Tantale. — Elle a de beaux et bons écus, — je les lui souhaite ; mais quand je veux m'en assurer, je constate, au contraire, que ce sont des écus triés et retriés comme tous les autres, et ce n'est point son fait ou sa faute. — Il y en a pour soixante millions. — J'en douterai aussi longtemps que l'équivoque *espèces* et *lingots* ne sera pas expliquée. Supposons néanmoins qu'au lieu de trente ou quarante millions en pièces de 5 francs, il y en ait soixante et même plus : que font-ils là, dans les caves de la Banque Nationale, sinon garantir à la fois le remboursement des billets et des comptes courants, y compris le compte courant de l'État, le plus gros de tous ? Ces millions-là ne sont pas apparemment des agents actifs de la circulation ; ils ne peuvent le devenir qu'en réduisant l'émission des billets. Fussent-ils cent, au lieu d'être trente ou soixante, ces millions ne peuvent ni accroître, ni diminuer la quantité d'or qui, matériellement, sert aux besoins de l'industrie et du commerce. C'est de la monnaie immobilisée en quelque sorte comme garantie du remboursement de la monnaie de papier ; ce n'est point de la monnaie utile aux transactions et accessible à tous ceux qui ont le malheur d'avoir de l'or.

La monnaie, d'après la nature des choses, chez tous les peuples, depuis les temps historiques, a pour utilité principale, sinon unique, de faciliter les échanges, parce qu'elle est la mesure commune, légalement obligatoire et indiscutable, des valeurs à échanger.

Quand l'agent qui sert à solder les innombrables transactions qui se font ne possède pas ce triple caractère d'être la mesure commune, d'être obligatoire et indiscutable, il y a fatalement une lutte de tous les instants, et une somme énorme de duperies et de pertes qui se renouvellent sans cesse, parce qu'il n'y a pas de véritable monnaie. Supposons, par exemple, qu'il y ait en Belgique, en ce moment, deux cent millions d'or français et qu'en moyenne chaque pièce de 20 francs change seulement de mains vingt fois par an, donnée ou reçue, tantôt au pair, tantôt avec une différence de 8 à 10 centimes ; qu'il y ait pour les uns un bénéfice, pour les autres une perte moyenne de 5 centimes par pièce et par transaction ; il en résulterait que le capital flottant, l'enjeu, en quelque sorte, entre tous ceux qui luttent pour gagner ou pour faire perdre, est annuellement de dix millions de francs. Dans ces luttes incessantes, la victime n'est ni le riche, ni le créancier ; c'est le pauvre et le faible ; c'est, en général, le débiteur. Les fermiers ou les ouvriers ne dictent pas la loi à leurs propriétaires ou à leurs patrons, pour forcer ceux-ci à prendre au pair, ou selon le cours officiel, les pièces d'or qu'ils peuvent refuser. Aussi, lorsqu'on pénètre dans la vie réelle, en jetant le bagage scientifique de la valeur comparée du milligramme d'or et du milligramme d'argent, demeure-t-on profondément convaincu que depuis longtemps la situation actuelle serait devenue tout à fait intolérable si le sens moral, la loyauté et l'honnêteté innés dans nos populations n'en avaient atténué, dans la pratique, les funestes effets.

Nous faisons avec la France un commerce de 450 millions l'an, dont 221 millions à l'exportation. Le change, si l'or était de droit notre monnaie, comme il l'est de fait, serait normalement au pair. En moyenne, il est en perte de plus d'un demi pour cent. Sur 221 millions, le demi pour cent fait un million 105 mille francs.

En un mot comme en cent, ayant l'or quoique non reconnu, nous subissons à l'intérieur et même, en partie, à l'extérieur tous les inconvénients possibles ; mais, par compensation sans doute, nous n'avons aucun des avantages que procurerait l'adoption légale.

Si ce n'est point une raison suffisante pour en finir, du moins les pouvoirs publics doivent-ils procurer au pays, il le réclame à bon droit, une monnaie véritable, l'argent s'ils le peuvent, l'or s'ils ne le peuvent pas.

Nous n'avons point aujourd'hui de monnaie métallique circulante et rendant à une nation industrieuse les services indispensables d'une monnaie, dans l'acception naturelle et usuelle de ce terme.

Assez d'impuissantes protestations : ou chassez l'or en le remplaçant, ou reconnaissez-le.

Ces souffrances, déjà si longues, de jour en jour plus vives, au point même d'éveiller la sollicitude de M. le Ministre du commerce (1), doivent-elles se prolonger encore? Quels sont les dangers que le pays courrait en donnant cours légal à l'or? Y a-t-il lieu d'attendre. Vaut-il mieux aujourd'hui que demain?

Nous n'avons aucune chance de voir prochainement la difficulté disparaître d'elle-même. L'homme sensé se résigne à souffrir quand il le faut; il se soulage dès qu'il le peut et ne remet pas la cure à six mois.

Sans parler des répugnances instinctives, naturelles ou préconçues, de quelques rares partisans du *statu quo* (il n'y en a peut-être pas un sur mille Belges), les intérêts dont il faut examiner les exigences sont ceux de la Banque Nationale et ceux du public.

J'intervertis l'ordre logique en m'exprimant ainsi ; les intérêts publics dominent tous les autres ; mais la discussion sera plus claire en suivant cette marche. Les établissements de crédit sont solidaires, en quelque sorte, et lorsqu'ils ont l'importance et l'utilité de la Banque Nationale, on peut dire avec raison que leurs intérêts ont le caractère d'un grand intérêt public.

D'après la dernière situation (30 novembre 1860), la Banque avait en *espèces* et *lingots* une encaisse métallique de 62,759,060 fr. 34 c. ; elle porte, en outre, comme encaisse 5,910,595 fr. 39 c. d'effets échus ce jour : ensemble 68,669,655 fr. 73 c. La valeur des billets en circulation était de 112,681,150 francs. Elle devait par comptes courants 77,634,366 fr. 34 c. ; son portefeuille dépassait 140 millions.

Le mécanisme d'une banque d'émission comme la nôtre est des plus simples. Un capital de 25 millions étant versé par les actionnaires, on paye au comptant, au moyen de billets remboursables à vue, des valeurs commerciales réelles, solides, à

<hr>

(1) Les pièces de l'instruction, et notamment les avis des Chambres de commerce encore inédits, seront sans doute publiées à la demande de la Législature.

court terme. Ces billets ne coûtent que les frais de fabrication et de timbre. La confiance publique accorde ainsi un capital de 112 millions qui produit intérêt et qui n'a presque rien coûté.

La confiance publique, en accordant cet immense crédit, est raisonnable et fondée. Le commerce et l'industrie peuvent jouir, dans les circonstances normales, de capitaux à bas intérêt, puisque le moyen d'escompte ne coûte presque rien à la Banque. Il y a d'ailleurs, en vertu des statuts, de sérieuses garanties : le capital versé par les actionnaires, la réserve métallique, les valeurs commerciales payables à courte échéance.

On admet en général, dans ces banques, que l'encaisse doit être du tiers des billets émis. Pour la Banque Nationale, ce doit être le tiers des billets et des comptes courants réunis. Or, la Banque est le caissier de l'État et débitrice envers lui par compte courant. Puisqu'elle ne doit avoir comme encaisse que le tiers des billets et des comptes courants réunis, ce n'est pas assurément comme contre-valeur de toute sa dette ; mais bien comme garantie du remboursement à volonté du premier tiers de cette dette qui serait exigé, les deux autres tiers devant être couverts, au besoin, soit par la rentrée du portefeuille, soit par la réalisation du capital placé, mais disponible.

L'encaisse, pour répondre à sa destination, doit donc être composée de monnaie légale. Si la seule monnaie légale est l'argent, des monnaies ou lingots d'or ou même des lingots d'argent non convertibles en monnaie légale, qui, selon la lettre des statuts, constituent une encaisse métallique, ne forment cependant pas l'encaisse, telle que le veut l'esprit des statuts, telle que l'exige la destination que les statuts y donnent. L'administration de la Banque Nationale, désireuse de conserver intact le crédit dont cet établissement jouit à juste titre, ı e peut, j'en suis convaincu, ni entendre autrement, ni vouloir appliquer autrement l'article 13 des statuts.

J'ai vu avec un profond regret se produire dans la presse, et même ailleurs, des attaques injustes, trop souvent violentes contre la Banque Nationale, au sujet des questions monétaires.

D'abord, je ne sache pas qu'elle ait émis une opinion. Les membres de la Commission des monnaies ont, tous et chacun, soutenu des opinions individuelles, sans délégation, ni mandat donné. Le seul directeur de la Banque Nationale qui faisait partie de la Commission a trop d'intelligence et de patriotisme pour avoir pu dire que jamais, en aucune circonstance, il ne se prononcerait en faveur de l'adoption de l'or.

Je cherche en vain dans les bilans de la Banque Nationale, rendus publics, les chiffres de ces fabuleux bénéfices qu'elle aurait réalisés, dit-on, en spéculant sur l'or au préjudice du public. Le plus souvent, elle s'est attachée à diminuer le mal, à prévenir les plaintes en usant de la tolérance compatible avec ses devoirs, et c'est, à mon sens, un exemple que le Gouvernement aurait bien fait de suivre, ne fût-ce que pour retarder un peu l'adoption légale de l'or.

Tous les établissements et tous les particuliers belges sont libres d'avoir, comme encaisse, de l'or ou d'autres métaux : la Banque Nationale seule n'a pas cette liberté. C'est une loi de sa position d'avoir, pour payer au besoin sa dette par compte courant, ou pour rembourser ses billets, exclusivement de la monnaie légale : seule, elle ne peut remettre en circulation l'or qu'elle aurait reçu ; elle est obligée de l'exporter à ses frais.

La Banque Nationale est évidemment, parmi tous les Belges, la plus intéressée à ce que nous ayons un système monétaire, et surtout un bon système. L'encaisse alors se maintient naturellement, avec facilité, sans qu'il soit besoin de recourir à des expédients ou de faire des sacrifices. Sous un régime monétaire bien établi, c'est-à-dire lorsque la circulation réelle est aussi la circulation légale, les besoins des échanges à l'intérieur provoquent seuls au remboursement des billets ; l'équilibre des émissions et de l'encaisse se conserve par sa propre force ou se rétablit sans grand effort.

Dans la situation anomale où nous sommes, tout renchérissement de l'argent, toute demande extraordinaire ou vive venant de l'étranger, toute combinaison d'arbitrage à solder au dehors en écus ou lingots d'argent se traduit en une demande de remboursement de billets et en un affaiblissement de l'encaisse, puisque la Banque n'accepte pas et ne peut donner de l'or ; l'équilibre ne se maintient pas ou ne se rétablit pas.

J'hésite, de crainte de faire dérailler le débat, à remuer la cendre des morts en disant un mot des pièces d'or belges de 25 et de 10 francs.

Il faut pourtant rappeler ici une observation judicieuse qui m'a été faite en 1859 par l'un de mes amis, l'un des hommes les plus compétents de Belgique en matière de monnaies. Si les pièces d'or belges de 25 et de 10 francs existaient comme monnaie légale, la Banque Nationale aurait un moyen assuré, plus efficace que tout autre, de défendre le système existant ou, du moins, d'en prolonger la durée. Ayant quelques millions d'or, monnaie légale belge, elle déjouerait la plupart des spéculations d'exportateurs d'argent. Il suffirait qu'elle eût le droit de payer en cette monnaie pour qu'on ne vînt pas affaiblir son émission de billets et son encaisse en lui prenant du numéraire exportable avec bénéfice (1).

Quoi qu'il en soit, ces pièces ne sont plus ; et depuis longtemps j'ai cessé d'en porter le deuil.

On est porté à croire au premier abord (et l'honorable rapporteur de la Commission paraît en être un peu à ces idées primitives) que l'or seul chasse l'argent et que, pour remédier à tout, il suffit de trouver, chose d'ailleurs introuvable, un moyen d'empêcher l'or de chasser l'argent. Il n'en est pas ainsi. Il y a, au contraire, solidarité et connexité entre tous les marchés de toutes valeurs ou marchandises, l'or et l'argent compris, entre tous les marchés, du moins, pour lesquels existent de rapides communications et des transports économiques. Ainsi, pour citer un exemple, à un moment donné, quelques millions en pièces de 5 francs ont pu être envoyés à Francfort en retour de Métalliques et de *Crédits mobiliers* d'Autriche. Un autre jour, il y a bénéfice dans les arbitrages à solder en argent belge ou français, à Londres, Amsterdam ou Hambourg, et ces combinaisons peuvent varier à l'infini. Avec un bon système monétaire, les petites perturbations ne sont pas à craindre : on parvient à atténuer les effets des grandes perturbations : il n'en est pas de même quand le système monétaire est mauvais.

Il existe donc des causes diverses, intermittentes, il est vrai, mais énergiques, provoquant à l'exportation du seul numéraire

---

(1) En 1850, la Commission de la Chambre proposait de laisser exister provisoirement les monnaies d'or belges. L'amendement fut rejeté.

légal que nous possédons : il n'existe ni cause, ni moyen
d'importation. On ne pourra bientôt plus, sans subir des pertes
très-fortes, pourvoir à des besoins exceptionnels en puisant dans
le réservoir français.

Il y a déjà longtemps que la Banque aurait été contrainte à
réclamer l'admission légale de l'or français, faute de pouvoir
conserver l'encaisse prescrite par ses statuts, si, pour elle, cette
nécessité n'avait été ajournée par deux circonstances : la moins-
value de son encaisse-argent ; le service de caissier de l'État.

Si, au lieu de se composer de pièces plus ou moins anciennes,
usées, triées et retriées, l'encaisse de la Banque avait été composée exclusivement de pièces droites de poids et de titre, en
partie affinables, elle n'aurait point réussi à maintenir son
encaisse. Très-souvent, selon l'état des changes, les besoins des
places et les prix de l'argent à Londres ou à Amsterdam, il y a
assez de marge pour exporter les pièces telles qu'elles sont : la
Banque ne doit pas être la dernière à s'en apercevoir.

L'État, possédant des moyens expéditifs et sûrs de se faire
payer à jour fixe en monnaie légale, a, parmi les créanciers
belges, le privilége exclusif de repousser impunément la monnaie
d'or. Les 140 millions du budget des voies et moyens, recueillis
en grande partie en argent, viennent combler les vides qui se
forment dans l'encaisse. La plus grande partie du budget des
dépenses est payée en billets à Bruxelles. La circulation en
monnaie légale, pour les transactions privées, s'appauvrit et
s'épuise de plus en plus. Je voudrais voir publier le relevé de ce
que chaque agence de la Banque Nationale en province et la
caisse centrale à Bruxelles ont payé et reçu pour compte de
l'État en numéraire et en billets, depuis huit ou dix ans ; on
aurait, à la fois, la preuve et l'explication de la difficulté que
doivent éprouver les contribuables, et l'explication de l'existence
d'un grand réservoir d'argent à côté d'une gène de plus en plus
cruelle dans la circulation. C'est l'État qui, en vérité bien invo-
lontairement, accroît ainsi cette gène ; c'est l'État qui conserve,
telle quelle, l'encaisse métallique de la Banque.

Je dis l'encaisse *telle quelle* : et, en fait, en comptant les espèces
et même les lingots, en décomptant seulement les effets échus
qui figurent indûment comme encaisse métallique, pourrait-on

prouver que cette encaisse, dans les situations mensuelles. a toujours été supérieure au tiers ds billets et des comptes courants réunis?

Je prends les statuts tels qu'ils sont, m'abstenant d'examiner les questions politiques, plus ou moins graves, relatives à l'encaisse de l'État. Ce qui existe, je le reconnais, est conforme à la loi, et je reconnais tout aussi volontiers que la Banque Nationale jouit à juste titre de toute la confiance du Gouvernement et du pays.

Certaines personnes pensent que l'adoption légale de l'or aurait pour effet de réduire notablement la circulation des billets de banque.

L'expérience acquise en Belgique et ailleurs démontre clairement que l'on ne doit pas concevoir à ce sujet de craintes exagérées. — L'effet serait déjà produit maintenant, puisque l'or occupe la moitié au moins de notre circulation métallique réelle. L'émission des billets n'a pas diminué au fur et à mesure que l'or se substituait à l'argent. Elle paraît avoir atteint son apogée en janvier 1859, fr. 121,000,000. — En 1860, elle oscille entre 108 et 112 millions. La quotité des billets de 20 et de 50 francs serait peut-être un peu réduite; mais les émissions de ces deux coupures qui sont autorisées ne s'élèvent pas ensemble à 20 millions de francs : il y aurait d'ailleurs d'amples compensations.

Le cours forcé des billets, décrété en 1848, a créé pour les billets de banque des habitudes qui n'existaient pas. Pour développer ces habitudes, le maintien du système argent pendant quelques années valait mieux que l'adoption du système de monnaie d'or. Le changement de régime maintenant ne les détruirait plus. L'exemple de la France et de l'Angleterre est de nature à rassurer complétement.

Je ne rappelle que pour mémoire, car ce n'est pas un argument en faveur de l'adoption de l'or, que la Banque réaliserait un beau bénéfice lorsque l'encaisse-argent serait à sa libre disposition comme marchandise exportable.

Telles sont les raisons qui me portent à penser que la Banque Nationale n'a point d'intérêt au maintien quand même de ce qui existe, qu'elle a plutôt un intérêt opposé.

Je n'ai pas le bonheur, est-il besoin de le dire ? de posséder, soit par moi-même, soit par mes parents jusqu'au degré successible, que je sache, le moindre intérêt dans la Banque Nationale : j'ai cru pouvoir sur plusieurs points la défendre de mon mieux, pour ainsi dire d'office.

Les quatre principales objections, au point de vue des intérêts publics, me paraissent être celles-ci :

La baisse probable de l'or ;

Le vol fait au créancier ;

Le double étalon ;

La démonétisation.

La baisse probable de l'or. — Je crois avoir lu à peu près tout ce qui a été écrit dans les deux sens à ce sujet.

En 1850 (cette discussion est bien curieuse à revoir après dix ans), il semblait qu'on ne pouvait assez se hâter de voter la loi de proscription de toute monnaie d'or, pour préserver la Belgique de l'inondation dont elle était menacée. Votée le 24 décembre par la Chambre des Représentants, le 28 par le Sénat, cette loi était au *Moniteur* le lendemain et déclarée obligatoire le jour même. Étions-nous menacés ? Avons-nous été sauvés ? Les prophéties sur la baisse probablement rapide et considérable de l'or se sont-elles réalisées ?

Les faits répondent à ces questions. Nous sommes inondés d'or malgré la loi. Les prophètes expliquent le mieux qu'ils peuvent, et souvent assez mal, pourquoi leurs prévisions ne se sont pas accomplies ; mais, avec une constance digne d'un meilleur sort, ils ne cessent d'affirmer que la grande baisse va venir, qu'elle est certaine, inévitable, imminente.

Je ne prétendrai pas (ce serait peu parlementaire) qu'après l'expérience acquise il vaudrait mieux s'abstenir de prédire ; mais il me paraît qu'ils ne se rendent pas compte de la situation réelle des choses dans les temps où nous vivons. Les milliards d'or produits extraordinairement depuis quelques années n'ont point causé de pléthore : il y a, dans l'univers entier, d'innombrables artères où bien des milliards encore peuvent couler sans causer d'engorgement. Quand le *vase français* sera rempli, écrivait-on tout récemment, il faudra bien que la grande baisse, si longtemps attendue, se produise enfin ; mais, au moment même, il y avait crainte sérieuse d'une crise monétaire, parce qu'un seul des grands courants qui amènent l'or pour satisfaire aux insatiables besoins de l'Europe occidentale avait momentanément cessé. L'Amérique n'envoyait plus d'or ; bien plus, elle en demandait. Après dix ans de sinistres prédictions, cette panique-ci vient donner un singulier démenti à la panique de décembre 1850.

Mais quand la France sera saturée d'or, quand elle aura reçu et converti en monnaie les milliards qu'il lui faut, il y aura dans le monde encore des espaces indéfinis où l'or s'écoulera.

Mais les métaux précieux ne sont peut-être pas la millième partie de ce patrimoine de richesses créées par l'activité du genre humain depuis des siècles.

Mais la consommation peut, de mille manières, avoir raison de la production de l'or.

Mais il suffit de la prise de possession du Mexique par les États-Unis, d'un progrès de la chimie, du succès des explorations d'une escouade de mineurs, pour que l'écart des valeurs relatives de l'or et de l'argent cesse d'augmenter ou même s'établisse en sens inverse.

En résumé, pour éviter de faire à mon tour un volume, plusieurs soutiennent que la baisse de l'or est probable ; mais l'opinion contraire est probable aussi, voire même par de meilleures raisons. C'est une équation dont toutes les inconnues ensemble valent zéro. Il ne faut pas prendre de conclusion plus absolue, plus tranchée, pour démontrer que cette première objection n'en est pas une.

Le vol au créancier, la foi due aux contrats, la diminution de la fortune publique... et que sais-je encore ? — Cette objection-ci repose sur deux bases également fragiles : une pétition de principe et des confusions d'idées. Ceux qui la produisent supposent la baisse certaine, considérable de l'or ; c'est précisément une des choses qui sont en question.

Ils confondent sans cesse, bien que la nature en soit essentiellement distincte, le métal-marchandise et la monnaie, la valeur intrinsèque et la valeur usuelle ou coursable ; ils embrouillent tout, sous prétexte de tout éclaircir. Combien de kilos de plomb, de zinc ou d'argent valent un kilo d'or en lui-même, comme marchandise ? Cela varie d'un jour à l'autre ;

aucune valeur n'est absolue, aucune relation de valeur n'est constante ; il n'y a de point de repère fixe pour rien.

Ma brochure se vendra cinquante centimes ; je suppose que celle de mon excellent ami M. le baron Cogels se vende au même prix ; je n'ai pas la fatuité de croire qu'elles ont la même valeur intrinsèque ; celui qui voudra les acheter n'en saura rien avant de les avoir lues ; mais, pour s'en procurer dix, il faudra qu'il débourse cette quantité d'argent marquée, comme commune mesure des échanges, à l'empreinte de 5 francs. La pièce fût-elle usée au point d'être à peu près méconnaissable, je gage que le libraire la recevra sans contestation, sans s'assurer, de crainte d'être volé, si elle pèse bien 25 grammes à 9/10 de fin ; il la recevra parce que, de sa main, un autre la recevra de même, sans difficulté, pour sa valeur légale, malgré l'irréparable outrage des ans.

Cet exemple familier, que je prie le lecteur de me pardonner, indique mieux que de longs raisonnements les caractères essentiels de la monnaie et l'inanité de l'objection purement spéculative déduite du vol au créancier.

Quel est l'homme au monde qui, stipulant le prix d'une chose, ait jamais dit : Vous me payerez tant de grammes d'or ou d'argent à tel titre ? Chacun dit et chacun a raison : Vous me payerez tant de francs, de florins, de schellings, etc. Sauvegardant son libre arbitre en fait de monnaies, pour agir selon les intérêts publics et privés, le législateur, comme notre Code civil en ses articles 1895, 1896 et 1897, établit la distinction claire et nette entre la monnaie et la marchandise, c'est-à-dire entre les espèces et le lingot. Le débiteur, s'il y a augmentation ou diminution d'espèces, doit rendre *la somme numérique*, et ne doit rendre que cette somme dans les espèces ayant cours au moment du payement ; si ce sont des lingots, il faut rendre la même *quantité* et *qualité* et ne rendre que cela. Le Code pénal (art. 475) punit le refus de recevoir les monnaies, non fausses ni altérées, *selon la valeur pour laquelle elles ont cours.*

Cette imagination du vol au créancier conduit fort loin. Ceux qui auraient, en découvrant de nouvelles mines d'argent, fait baisser de moitié la valeur de ce métal seraient donc complices de vols innombrables, comme ayant fourni les moyens de les commettre !

Tant de vols sont un malheur pour l'humanité. Quand l'or ou l'argent, alternativement, nous inondent, faut il nous associer à la malédiction prononcée par Ovide :

Effodiuntur opes, irritamenta malorum (1);

ou, du moins, exprimer le doute de Tacite :

Argentum et aurum propitii an irati Dii negaverint, dubito (2)?

Est-ce là le dernier mot de la science moderne?

La même objection ayant été présentée en Suisse, la Commission des monnaies nommée par le Conseil fédéral y répondit en ces termes :

« Nous passons au régime de l'or, nous rendant ainsi à une
« nécessité de la civilisation. Si l'on prétend que, par cela, nous
« commettons un acte de spoliation, l'on doit nous concéder
« que l'auteur de la découverte de l'Amérique, qui, ouvrant au
« vieux monde les trésors du monde nouveau, a produit au
« XVIe siècle la forte dépréciation de toutes les monnaies, mais
« aussi a posé les bases du bien-être des temps modernes, a été
« le plus grand voleur connu dans l'histoire (3). »

M. O. T., l'auteur du remarquable écrit que j'ai traduit l'an passé, m'écrivait au sujet de la Suisse, le 24 août dernier :

« Depuis que nous avons fait la loi que vous savez, tout le monde
« est content, on n'en parle plus ; cependant les détracteurs de
« l'or auraient dû, pour agir logiquement, vendre toutes leurs
« obligations et encaisser toutes leurs créances stipulées en
« francs suisses, qui étaient des francs-argent, afin de placer

(1) L'on déterre les richesses, cause de tant de maux.

(2) Est-ce un acte de la bonté ou de la colère des Dieux d'avoir refusé aux Germains l'or et l'argent? Je doute.

(3) Wir gehen zur Geldwährung über, indem wir einer kulturhistorischen Nothwendigkeit Folge leisten, und wenn wir hiemit einen Akt der Beraubung ausüben, so ist der Entdecker Amerika's, der der alten Welt die Schätze der neuen eröffnet, und damit die große Entwerthung alles Geldes im sechszehnten Jahrhundert und gleichzeitig auch den Wohlstand der Neuzeit eingeleitet hat, der größte Räuber gewesen, welchen die Geschichte kennt. (14 Januar 1860.)

" leurs capitaux dans un pays à étalon d'argent et d'éviter ainsi
" la perte résultant pour eux de la dépréciation imminente (?) de
" l'or. Cela aurait causé une grande perturbation parmi les
" débiteurs et une forte baisse du cours des obligations de che-
" mins de fer, etc. Eh bien, pas un seul de nos adversaires n'a
" agi ainsi.

" Ce qui veut dire qu'ils ne croient pas eux-mêmes à leurs
" théories. Cela est peut-être bon à savoir en Belgique. "

Sans doute, cela est très-bon à savoir. Nous aussi nous
n'aurions point de perturbations graves quant à la monnaie
proprement dite. Je ne m'occupe pas, en ce moment, des monnaies divisionnaires ou d'appoint, qui soulèvent de tout autres
questions.

Mais, ajoute-t-on, en adoptant l'or, la Belgique va consacrer la
plus monstrueuse erreur : *le double étalon*. Qui parle de cela? Per-
sónne. Ce qui reste de monnaie d'argent, soit dans les caves de
la Banque Nationale, soit ailleurs, s'en ira de lui même ; et, sans
qu'il soit besoin de proscrire l'émigrant, nous aurons de fait, en
peu de temps, l'étalon unique d'or. On avisera, au moment
opportun, en ce qui concerne les monnaies divisionnaires et
d'appoint.

Il n'y aurait, du reste, ni le moindre inconvénient, ni la
moindre utilité à déclarer expressément que l'on ne pourra point
fabriquer de pièces de 5 francs. Au moyen d'un article conçu
en ce sens, tout danger d'avoir, même théoriquement, le *double
étalon*, aurait disparu. C'est une satisfaction innocente à donner, si
quelqu'un la demande.

Une *démonétisation* qui serait décrétée en France nous ferait
encourir, dit-on, des pertes énormes.

Quand les monnaies remplissent leur fonction d'utilité publique
au lieu de dormir dans les caves d'une banque, après un certain
nombre d'années, vingt-cinq à trente ans, elles sont plus ou moins
usées et doivent être refondues. Cette infirmité est commune aux
monnaies d'or et aux monnaies d'argent. Il y a une perte à subir.
Est-ce le dernier détenteur ou bien est-ce la société qui doit la
supporter? Avec J.-B. Say et d'autres, je crois que c'est la
société ; mais, à tout prendre au pis, et en admettant une solution différente, la crainte de subir une perte sur les monnaies,

quand elles ont rendu vingt-cinq ou trente ans de bons et loyaux services, ne suffit pas pour déterminer une nation à se passer de monnaie d'argent ou d'or durant vingt-cinq ans.

L'objection, faute de mieux, prend une autre forme. On se demande, avec une apparente inquiétude, ce que nous deviendrions si, ayant adopté la monnaie d'or de France, le Gouvernement de ce pays, avant qu'elle soit usée comme la plupart de nos pièces de 5 francs, la démonétisait subitement, sans motif, remplaçant par quelques milliards de bons de monnaie les milliards d'or dont la France a besoin comme elle a besoin du pain qu'elle mange? Et pourquoi? et comment?

A cette supposition inadmissible, il n'y a qu'une réponse à faire : Un Gouvernement qui tenterait cette entreprise, serait colloqué à Charenton et y serait à sa place. Quand notre sort monétaire sera associé de droit, comme il l'est de fait, à celui de la France, nous aurons ou plutôt nous avons ses intérêts comme garantie des nôtres. Admettons même qu'après avoir frappé, dans quelques années, sept ou huit milliards de monnaie d'or, le Gouvernement français puisse tenter l'impossible et commettre l'acte de folie le plus insigne ; mon éternelle question revient : Nous avons l'or français, et toutes les objections du monde sont impuissantes à l'expulser ; donc ce danger (si danger il y a) nous menace aujourd'hui. S'il vous paraît réel, de grâce, conjurez-le.

Il ne s'agit pas non plus d'abdiquer à tout jamais le droit de fabriquer de la monnaie belge d'or ou d'argent. La plus fâcheuse conséquence de l'adoption de l'or français, sinon la seule fâcheuse, est de n'avoir point momentanément de monnaie nationale. Nous n'en avons guère aujourd'hui et n'en pouvons avoir selon notre étalon d'argent. Nous en pourrons avoir, tant et aussitôt que nous voudrons, selon l'étalon d'or.

Allons plus loin encore : admettons que, par une démonétisation de *nécessité*, à raison de l'état d'usure des monnaies, ou de *fantaisie*, par suite d'un acte de folie, nous soyons exposés à de grosses pertes. La Belgique, en ce cas, avec son bon sens natif, répondra que, si l'on ne peut chasser l'or, elle préfère courir les chances de cette éventualité plutôt que de subir, plus de dix fois peut-être, les pertes certaines dont elle se plaint aujourd'hui d'une voix à peu près unanime. Il n'y a pas d'exagération à calculer sur une perte annuelle de cinq millions.

Si jamais l'éventualité se réalise, elle en aura accepté d'avance les conséquences effroyables, car elle aura été bien et dûment avertie. Elle aura dit avec le poëte :

> Seigneur, trop de prudence entraine trop de soin,
> Je ne sais pas prévoir les malheurs de si loin.

Ses moniteurs, ayant signalé toutes les objections, même les plus microscopiques, n'auront aucun reproche à se faire : leur mémoire ne sera pas maudite.

Si une majorité mixte est disposée, comme on l'assure (mais les destins et les flots sont changeants), à conférer la petite naturalisation, la jouissance des droits civils, à l'or français (1) qui réside depuis plus de cinq ans en Belgique, où les besoins des populations l'ont appelé, il est de l'intérêt de tous, partisans ou adversaires de la mesure, qu'elle soit introduite au *Bulletin des lois* sans avoir occasionné ni perturbation, ni secousse. C'est assez dire qu'il ne faut point, quoi qu'il advienne, laisser entre les votes des deux Chambres et l'exécution un trop long intervalle.

Qu'on me permette une dernière réflexion. Nos lois, arrêtés, règlements généraux, provinciaux et locaux constituent ensemble le code le plus complet de la protection de tous les intérêts ; la vie moyenne de l'homme suffirait à peine à connaître toutes les dispositions ; nous sommes le peuple le plus libre, mais aussi le plus complétement réglementé de la terre.

La sollicitude du législateur et de l'administration s'étend à tout. Par exemple, pour les poids et mesures, que d'efforts persévérants faits depuis plus d'un demi-siècle afin d'introduire l'uniformité, la régularité, afin de prévenir la fraude, la tromperie, en donnant aux plus faibles, pour protecteurs, l'autorité et la sanction des lois. Périodiquement, l'État vérifie et poinçonne les poids et les mesures dans tout le royaume, sans négliger la plus petite échoppe du débitant dans le plus modeste hameau.

La monnaie est, à plus de titres, digne de sa sollicitude ; c'est, en vérité, la mesure commune de toutes les autres mesures. On

---

(1) Le cours légal de l'or français *seul* me parait suffire. La Belgique n'a point les mêmes raisons que la Suisse d'adopter une formule plus générale.

n'a rien fait d'utile pour protéger le faible si le meunier est punissable lorsque, se servant d'une mesure non vérifiée, il fait tort à son client d'un litre de farine et s'il peut impunément, à défaut d'un signe certain, obligatoire et indiscutable de la valeur, rançonner ce client en acceptant la monnaie au taux qu'il lui plaît de fixer ; si non-seulement il le peut impunément, mais s'il est en quelque sorte autorisé ou obligé à le faire, ne sachant, par la faute de la loi, à quelles conditions lui-même pourra donner l'or qu'il aura reçu. Nos populations sont à l'état de lutte intestine, permanente, en fait de monnaie : il faut sortir de cet état ; c'est pour le pays un des intérêts matériels de premier ordre. Lui procurer une monnaie circulante qui ne puisse être ni discutée, ni refusée sera un grand bienfait. Je le répète, de l'argent, si l'on peut en donner qui circule ; de l'or légal, si, comme je le crois, on ne le peut pas ; une monnaie enfin, une véritable monnaie. Ce bienfait, dût-il coûter, maintenant ou plus tard, quelques sacrifices, ne sera jamais acquis à un trop haut prix.

Les nations sont des êtres vivants, organisés. Elles prospèrent lorsque, dans leurs veines, circule facilement un sang riche, généreux, abondant. Elles dépérissent ou, du moins, leur développement industriel et commercial est ralenti lorsque la circulation est lente et difficile ou que le sang reflue vers le cœur.

N'ayons pas peur d'être dans le système de l'or, en compagnie de l'Angleterre, de la France, des États-Unis et de tant d'autres...

L'or, au pis aller, fût-il énormément déprécié, vaudra toujours au moins le papier.

En écrivant ces pages, j'ai eu simplement la prétention d'exposer, en peu de mots, les motifs de l'opinion dominante dans le pays, opinion qui me paraît fondée. Je conclus à l'adoption immédiate de l'or français, sauf à examiner s'il convient de frapper de l'or belge, aux mêmes titre, poids et module.

Dans les débats qui vont s'ouvrir, l'honorable Ministre des Finances, auteur principal de la loi de 1850, peut, en se référant en quelque sorte à la sagesse de la Chambre, combattre le projet d'adoption légale de l'or français, mollement, en acquit de ses antécédents, mais en se ménageant des succès oratoires légitimement dus à son incontestable talent.

S'il le fait et succombe, je l'en félicite.

Il peut combattre vigoureusement le projet, bon jeu, bon argent, de toutes ses forces et de toute son influence.

S'il le fait et triomphe, ceux qui le féliciteront ne seront pas ses vrais amis.

Même en ce cas, les réflexions qui précèdent auront une certaine utilité. Les pétitionnaires, condamnés de nouveau au *bureau des renseignements*, et les auteurs de la proposition, déboutés par le rejet ou par l'ajournement, puiseront peut-être dans ces considérations la conviction que le régime actuel ne peut plus durer longtemps. Le malaise et les pertes deviendront plus supportables. Le cœur humain est ainsi fait : par un don de la Providence, l'homme se croit presque guéri quand il entrevoit le terme de ses maux.

Bruxelles, le 12 *décembre* 1860.

J. MALOU.

EXTRAIT DES MÉMOIRES INÉDITS

D'UNE

VIEILLE PIÈCE DE VINGT FRANCS,

PAR

Philidor GOUDVRIENDT.

Je naquis à Paris, le 3 avril 1810, le lendemain du mariage de Napoléon avec Marie-Louise. La capitale était en fête... En voyant de nouveau Napoléon tout-puissant et heureux, elle recommençait, selon les expressions d'un illustre historien, à croire à la grandeur infinie et éternelle de l'Empire, comme si elle n'en avait jamais douté.

Au sortir de la Monnaie, j'entrai aux Tuileries, au trésor extra-ordinaire de Sa Majesté l'Empereur et Roi. Mes premières années s'écoulèrent tranquilles dans ces temps agités. Aussi, malgré mes cinquante ans, je porte encore aujourd'hui l'empreinte nette et bien conservée des traits de l'homme le plus prodigieux qu'aient vu les temps modernes.

Plus tard, j'accompagnai Napoléon à Moscou... à la Bérésina... à l'île d'Elbe... à Waterloo... à Sainte-Hélène...

Je revis ma patrie après que mon maître, mort en chrétien sur la terre d'exil, eut été appelé « aux champs de l'éternité, à la récompense qui surpasse les désirs, où sa gloire passée n'est pour lui que silence et ténèbres » (1).

Je pourrais, si nous avions plus de loisir pour deviser ensemble, vous raconter toutes les vicissitudes de mon existence, les événements dont je fus le témoin, toute une épopée de choses grandes, mesquines, tristes ou gaies, bonnes et mauvaises, toute l'histoire de notre temps : mais je suis au déclin de la vie et mes heures sont comptées : je me bornerai donc à vous dire quelques-unes des misères de mes derniers jours.

Jusqu'en 1850 (j'atteignais alors mes quarante ans), j'étais recherchée, choyée, honorée : je faisais prime, j'obtenais agio. Aucun des propriétaires aux mains desquels je passai ne m'eût échangée contre quatre de ces pièces de 5 francs qui depuis... mais alors elles étaient communes et menacées de dépréciation par M. Michel Chevalier lui-même.

Dans mon pays natal, aussi longtemps que j'eus la bonne chance d'y rester, mes compagnes et moi, innombrable famille portant les traces de tous les régimes qui s'y sont succédé, nous étions partout bien reçues et notre présence faisait plaisir, surtout dans la modeste demeure de l'artisan ou de l'ouvrier. Nous avions bien, à la vérité, comme toutes les belles et bonnes choses, quelques ennemis très-actifs ; ils publiaient de temps en temps contre nous un gros volume de prophéties et d'accusations et réussissaient seulement à nous faire comparoir devant quelque commission plus ou moins extraordinaire, sans qu'aucune, malgré tous leurs efforts, consentît à nous proscrire. Toutes les classes de la population, depuis M. de Rothschild jusqu'au plus humble laboureur, nous faisaient bon accueil et continuent, si je suis bien informée, à le faire encore à mes compagnes dont je suis maintenant séparée. Un jour, il m'en souvient, c'était en 1857, je vins en la possession du plus infatigable de nos ennemis, de M. Michel

(1)

Ai campi eterni, al premio
Che i desiderii avanza
Ov'è silenzio e tenebre
La gloria che passò.

MANZONI, *Il cinque Maggio.*

Chevalier. Je frissonnai d'horreur, craignant qu'il ne me repoussât avec indignation, me faisant un mauvais parti, ou ne courût m'échanger contre de gros et lourds écus de 5 francs. Les choses se passèrent tout autrement. Ses colères contre notre race étaient purement officielles ; dans l'intimité, il rendait justice à nos précieuses qualités, ajoutant seulement qu'un jour, peut-être bientôt, nous serions fort dépréciées. Il y a si longtemps qu'il prophétise pour et contre !

Tout allait donc fort bien, jusqu'à l'époque où je fus introduite en Belgique, malgré la loi qui m'y refuse cours légal. De cette époque néfaste datent les tribulations dont je suis chaque jour l'innocente victime et l'occasion non moins innocente.

C'est de ce chapitre de mon histoire que je veux aujourd'hui détacher quelques pages, écrites avec la sincérité et le franc parler d'une Française âgée de cinquante ans.

La Belgique, vous le savez, est un petit pays situé au nord de la France. Les naturels de ce petit pays sont industrieux, intelligents, actifs, excessivement libres. Ils font grand commerce avec la France, parlent, en général, français ou peu s'en faut, et disent encore en 1860 qu'ils ont adopté le système monétaire français.

Quant à ce dernier point, le seul qui m'intéresse, les idées de quelques-uns de leurs hommes d'État et de leurs savants sont les plus comiques du monde. Une guinée anglaise, fût-elle sérieuse comme une quakeresse, se prendrait, à les entendre, d'une folle envie de rire. En 1832, copiant les lois de ma patrie, ils ont admis à la fois l'or et l'argent, sans préférence, comme sans exclusion. Ils persistèrent à vouloir de l'or aussi longtemps qu'ils ne purent en avoir ; mais, à partir de 1850, quand il devint possible d'en avoir, il n'en voulurent plus. L'or arrivant malgré eux, ils le maudissent sans réussir à le repousser et, depuis que leurs pièces de 5 francs s'en vont, il les aiment d'autant plus qu'ils en ont moins. L'an passé, dans leur désespoir, ils avaient même eu l'idée de déclarer *coupables* leurs pièces de 5 francs, afin de les empêcher de partir ; mais s'apercevant un peu tard que ces menaces de poursuites les détermineraient à émigrer au plus vite, ils renoncèrent à cette magnifique idée, et c'est dommage, en vérité. Ils ont frappé force monnaie de cuivre et s'apprêtent à faire un peu de monnaies de nickel. Il est strictement défendu de frapper aucune espèce de monnaie d'or.

Il y a dix ans qu'ils ne fabriquent plus de monnaies d'argent. Ils considèrent comme un préjugé suranné l'opinion de tous les autres peuples de l'univers qui, nonobstant le progrès des lumières, s'obstinent à vouloir frapper de la monnaie légale. A leur avis, pour avoir un étalon pur, correct, irréprochable, il suffit que le garde des sceaux conserve avec soin, à l'abri de l'incendie et des rats, la minute de la loi qui décrète cet étalon. Il se trouvera au ministère de la justice après que leur dernière pièce de 5 francs aura disparu. Leur système monétaire, pour le moment, consiste donc à n'en point avoir.

Ce peuple belge jouit en Europe d'une réputation de bon sens justement acquise. Le bon sens règne, en effet, dans ce pays; mais il n'y gouverne pas toujours. Aussi l'opinion générale se prononce-t-elle avec beaucoup d'énergie. A la liberté de se plaindre, qui appartient à tous les Belges et dont la plupart usent, quelques-uns opposent la liberté de ne pas les écouter et plaisantent même assez gentiment sur les innombrables pétitions *enterrées au cimetière du bureau des renseignements.*

Les Belges ont le caractère endurant, la moitié à peu près de la patience proverbiale des Allemands; mais quand la mesure est comble..., ils savent se faire obéir.

Après effusion de flots d'encre et de paroles, sans effusion d'une goutte de sang, ce combat entre les préjugés de quelques-uns et les intérêts de tous finira au moyen de suffrages électoraux :

> Hi motus animorum, atque hæc certamina tanta
> Pulveris exigui jactu compressa quiescent.

Les libres institutions offrent, en pareil cas, un remède dont l'effet est certain.

Je comprendrais, à la rigueur, une lutte de prééminence entre l'or et l'argent si chacun pouvait, à son choix, selon ses préférences, avoir l'un ou l'autre et, plaidant ma propre cause, je serais suspecte lorsque j'établirais le parallèle entre l'or et l'argent comme moyen de circulation pour un peuple dont la civilisation est avancée, pour un peuple riche et doué d'une grande activité industrielle. Un mot cependant à ce sujet.

Au temps d'Abraham, 1859 ans avant l'ère chrétienne, l'argent était le seul étalon monétaire (1). Les Germains, à demi sauvages, estimaient l'argent plus que l'or, selon le témoignage de Tacite (2), non point par suite d'une certaine tournure de leurs idées (*nulla affectione animi*, à la différence de quelques Belges), mais parce que le compte des pièces d'argent était d'un usage plus facile pour le trafic qu'ils faisaient de choses communes et à vil prix.

Au milieu du XIXe siècle, 3719 ans après Abraham, la plus grande partie des nations civilisées, c'est-à-dire chrétiennes, les plus puissantes, les plus riches, ont, de fait ou de droit, adopté la monnaie d'or.

Mais, pour nos détracteurs belges, le parallèle n'est pas établi entre l'or et l'argent ; c'est entre l'or et le papier. Certain écrit daté d'Eeckeren, 15 novembre 1860, rappelle avec complaisance à deux reprises (pages 15 et 20), qu'à l'époque du règne de l'argent, vos banquiers belges avaient constamment des voitures en route pour le service de leurs caisses et, après s'être moqué de cet *heureux temps*, il ajoute que les billets de banque, pour les gros payements, jouent dans la circulation le rôle des chemins de fer. Aux yeux de mes ennemis, l'argent n'est donc pas le beau idéal : c'est le billet de banque. Vous comprenez, chers lecteurs, charmantes lectrices, que je ne puis, sans sortir de mon caractère essentiellement pacifique, entendre ces choses-là. Comme si un petit chiffon de papier, propre ou sale, que vous prenez avec vos doigts, si vous l'osez, avec de vieux gants ou des pincettes quand il le faut, avait quelque valeur par lui-même, indépendamment

(1) Les peuples primitifs avaient de l'or et de l'argent ; mais il semble résulter de deux passages de la Genèse qu'ils n'admettaient ni la *monstrueuse* doctrine du double étalon, ni le cours légal de l'or. Il est dit qu'Abraham était très-riche par la possession d'or et d'argent. (Erat autem valde dives in possessione auri et argenti. (*Gen.* XIII, 2.) Toutefois, lorsqu'il achète les grottes d'Hebron et un champ pour la sépulture de Sara, il paye en *sicles d'argent, monnaie publique ayant cours légal.* (Abraham appendit pecuniam quam Ephron postulaverat, audientibus filiis Heth, quandringentos siclos argenti *probatæ monetæ publicæ. Gen.* XXIII, 16.) (*Note de l'éditeur.*)

Tel est le texte de la Vulgate ; mais une bible polyglotte donne, d'après la version des *Septante*, la traduction littérale suivante : ... siclos argenti monetæ currentis inter mercatores. (*Note de la nouvelle édition.*)

(2) Argentum quoque magis quam aurum sequuntur, nulla affectione animi, sed quia numerus argenteorum facilior usui est promiscua ac vilia mercantibus. (C. CORN. TACITI, *Germania*, N° V.) (*Note de l'éditeur.*)

de nous, or et argent (car, en ceci, notre cause est commune) ; comme si la fonction sociale des nobles métaux consistait uniquement à dormir à la Banque, au fond du couloir que M. de Haussy ensablera à la minute lorsqu'il se décidera à ouvrir les vannes du colossal sablier en construction rue du Bois-Sauvage (1)!!

Pardonnez, je vous prie, pardonnez à la fois aux prôneurs de l'argent ces légères distractions ; à moi, cœur aigri par l'infortune, ce léger mouvement d'indignation.

Mon infortune, hélas! n'est que trop réelle. Voici comment j'arrivai en Belgique, malgré des lois inhospitalières, mais impuissantes :

Un négociant de Lille, venant régulièrement au marché de Thielt, en Flandre, obligé de payer au comptant la pièce de toile fruit du long et pénible labeur de Jan Van Peperbolle, pauvre tisserand, me donna en payement à celui-ci. Il y eut un débat très-vif, non sur le prix de la toile, lequel était fixé par le cours du jour, mais sur la valeur de la monnaie d'or. Jan s'était fait donner des extraits du savant rapport de M. Eudore Pirmez, des œuvres de M. Kreglinger, des discours de votre Ministre des Finances et d'autres bons écrits démontrant qu'on vend sa marchandise plus cher quand le payement se fait en or, et que les pétitionnaires veulent spéculer sur la monnaie au préjudice de leurs compatriotes. Le négociant lillois lui fit bien voir le contraire : « Ou passez-vous de me vendre votre toile au prix du marché, dit-il à Jan Van Peperbolle, ou prenez au pair mon or en payement ; je ne puis inventer pour vous des pièces de 5 francs qui n'existent plus dans mon pays. »

Le tisserand n'avait pas le choix. Ne point vendre, c'était, pour sa famille, n'avoir plus de pain ; c'était ne pouvoir rembourser les avances faites par le marchand de lin, n'avoir plus de crédit pour de nouvelles avances, ni de moyens de travail. Je fus acceptée au pair avec d'autres, sans que la pièce de toile fût vendue un centime plus cher.

Le marchand de lin auquel Jan m'offrit au pair ne voulut

<hr>

(1) La *vieille pièce* se rend ici l'écho d'un bruit populaire très-répandu à cette époque. On disait qu'au moyen d'un ingénieux mécanisme, le gouverneur de la Banque Nationale pourrait, en cas de danger, noyer dans le sable et rendre inaccessible toute l'encaisse métallique.　　　　　　　　　　　　*(Note de la nouvelle édition.)*

m'accepter qu'à 19 fr. 50 c. : il avait, disait-il, à payer à la Banque Nationale un effet échu, ne possédait que de l'or, se voyait menacé d'un protêt, etc.; il exhibait l'avis de la Banque annonçant qu'elle ne recevait les pièces de 20 francs qu'à 19 fr. 50 c.

Après être retourné tristement chez lui pour réfléchir et consulter sa femme, le pauvre tisserand eut l'idée de prendre l'avis du maître d'école, auquel il était redevable des doctes citations qu'il avait faites sans succès au négociant lillois. Homme simple, mais d'un sens droit, il lui répugnait de croire que des hommes réputés sérieux avaient pu dépenser tant de talent pour accréditer de pareilles idées. A la suite de cette consultation, sa foi en l'infaillibilité de votre Ministre des Finances et de ceux qui soutiennent les mêmes thèses fut tellement ébranlée que, pour 19 fr. 50 c., il me donna au marchand de lin. — C'était un pénible sacrifice, une réduction douloureuse d'un salaire déjà insuffisant : il y eut dans cette pauvre famille grande désolation ; je fus humiliée et triste comme elle.

Toutefois le marchand se garda bien de me donner, à vil prix, à la Banque Nationale ; il réussit, au contraire, à me placer au pair entre les mains d'un petit cultivateur qui, dépendant de lui, n'osa refuser.

Celui-ci et cent autres après lui subirent tour à tour des pertes ou réalisèrent des bénéfices : j'étais l'objet, à chaque transaction, de débats interminables : je n'étais plus monnaie. L'excuse habituelle de ceux qui me dédaignaient n'était point la crainte de la baisse probable de l'or, mais l'impossibilité de savoir si, m'ayant acceptée au pair, ils pourraient me placer de même pour ma valeur nominale, et cette excuse était assez plausible. Je ne rencontrai pas un seul Belge qui fût préoccupé des graves problèmes posés depuis quelques années au sujet de l'écart actuel ou futur des valeurs relatives de l'or et de l'argent, ou de la baisse probable de l'or ; je vis, au contraire, tous les Belges, sans distinction d'opinion politique, excessivement vexés de n'avoir point de monnaie véritable, et les *libéraux*, quand ils perdaient au jeu de *Pierrot vit co*, dont j'étais la victime, ne se montraient pas moins fâchés que les autres. Après trois mois de ballottement de ce genre, je calculai que le gain total, indûment obtenu par quelques-uns, dépassait dix pour cent de ma valeur nominale;

d'autres, non moins injustement, avaient subi la même perte. Les gains étaient, en général, réalisés par les riches, les puissants, les forts ; ils y songeaient à peine et ne les comptaient pas. Les petits et les faibles subissaient une série de lésions sans cesse renouvelées, très-pénibles à souffrir et parfois désastreuses.

Mille fois maudite par ceux que je me sentais disposée à plaindre, je faisais des vœux secrets pour que votre Ministre des Finances, s'il ne voulait accorder à mes compagnes et à moi la jouissance des droits civils, eût du moins pitié de nous et de son peuple et, nous recommandant aux sévérités de M. l'administrateur de la sûreté publique, prit soin de nous expulser toutes et de nous remplacer par des pièces de 5 francs.

L'expression humble et respectueuse de ces vœux fut portée au ministère, et classée dans le carton des *affaires sans suite* pour le moment.

J'espérai un sort meilleur lorsque je me vis emportée vers votre capitale, vers la jolie ville de Bruxelles qui, orgueilleuse et brillante, étale au loin sur ses collines de longues rangées de maisons blanches : je m'imaginais que, dans ce centre du luxe et de l'opulence, l'or devait être toujours bien venu. Illusion de trop courte durée! Les choses s'y passaient comme dans les plaines de la Flandre ; j'étais discutée, disputée, dépréciée, parfois repoussée, rarement bien accueillie.

Il m'y advint une aventure dont je vous dois le récit.

Un étranger, Suisse d'origine, m'avait achetée chez un changeur, au taux de 19 fr. 92 c. M'ayant présentée au guichet de la gare provisoire qui existe depuis vingt deux ans pour la ligne du Midi, il se vit retenir 20 centimes, nonobstant ses énergiques réclamations, appuyées de l'exhibition du *Moniteur* de la veille, qui portait la cote officielle à 19 fr. 94 c. Un Anglais ayant donné en payement de sa place pour Paris un billet de la Banque Nationale belge, je lui fus immédiatement remise. Le gentleman s'empressa de m'offrir au bureau contigu de la même administration, en acquit de la taxe de ses bagages : j'y fus refusée, impitoyablement refusée : on lui conseilla de s'adresser en ville à quelque changeur... et à peine restait-il cinq minutes avant le départ du train.

Le malheureux enfant d'Albion répétait flegmatiquement, outre le mot qui fait le fond de la langue anglaise : *Very stupid admi-nistration, very stupid administration !*

L'ancien et à jamais regrettable bourgmestre de Bruxelles était là (1) ; il me reprit au pair, tira ainsi d'affaire l'Anglais, qui maugréait, et lui dit : « Vous attaquez à tort l'administration et ses agents : l'or français n'est pas plus monnaie légale en Belgique que les pièces de 5 francs ne sont *légal tender* à Londres. Lorsque, par suite d'une erreur ou d'un malentendu, on vous a remis cette pièce, vous pouviez la refuser.

— *I thank you, sir*, reprit l'anglais ; mais, *indeed*, chose drôle être arrivée à moa.

Le bourgmestre, malgré ses préjugés économiques contre l'or, me remit en circulation le mieux qu'il put. Bientôt je devins la propriété d'un boutiquier de la rue de la Madeleine qui, sous le coup d'un protêt, à une échéance difficile, quand la vente n'allait pas, se vit contraint à me donner à la Banque Nationale pour 19 fr. 50 c.

Je me reposai de tant d'agitations, et bien longtemps, dans ces vastes caves, véritables catacombes où s'engouffre l'argent recueilli par les percepteurs des contributions. Chaque mois, je figurais au *Moniteur* sous la fameuse rubrique *espèces et lingots :* il y avait bien alors, avec moi, voilés sous ce mot complaisant, dix millions de francs d'espèces illégales.

J'entendis raconter là, par mes voisines les monnaies d'argent, quelques anecdotes, et se produire certaines réflexions qui n'étaient pas toutes favorables au système monétaire belge. Il y avait, du reste, parmi les pièces de 5 francs, plusieurs mauvaises langues dont je ne garantis pas les commérages.

L'une d'elles affirmait avoir passé dix fois, en peu de temps, entre les mains d'un banquier de province qui disposait sur son compte courant, pour ainsi dire chaque jour, d'une somme de cent mille francs ou plus, payable en argent, et reversait cette somme, après triage des écus, le jour même, au crédit de son compte ; et ce jusqu'à ce que l'agent prît le parti de lui rendre les mêmes sacs, afin de faire cesser un mouvement de caisse stérile pour la Banque seule.

(1) M. Charles de Brouckere.

Une autre prétendit qu'un jour, dans la même succursale, s'ouvrirent les portes d'un vieux trésor auquel on n'avait pas touché depuis plusieurs années. La nouvelle se répandit ; les billets affluèrent pour l'échange ; les tonneliers de l'endroit travaillèrent jour et nuit pour que l'on pût profiter du premier départ dn paquebot de Londres, tant était bonne cette aubaine.

« C'est un miracle, en effet, disait une troisième, que nous ayons prolongé jusqu'à présent notre séjour en Belgique. Si les trieurs ne nous avaient rebutées vingt fois pour défaut de poids, les Chinois de l'extrême Orient nous auraient depuis longtemps enlevées aux Chinois de la Belgique. Notre captivité même nous sauve du creuset ; mais ne nous faisons pas d'illusions : nous y passerons bientôt. Notre bon ami, M. le baron Cogels, l'avoue : nous serons toutes expulsées. Le mois dernier, les paquebots ont encore emporté plusieurs millions d'argent. »

« Anne, ma sœur Anne, dit une commère qui s'ennuyait, ne vois-tu rien ? — Sans doute, dit l'autre : je vois l'or venir et l'argent partir.... »

Il y en eut une qui prétendait avoir connu, par suite de l'indiscrétion commise par une souris, les débats relatifs à certaine demande du Ministre des Finances tendante à faire payer à Paris et en or français une somme assez considérable pour le service de la dette publique. La souris, vivement poursuivie pour avoir dîné d'un billet de mille francs, s'était réfugiée dans la cave aux espèces et lingots. Le débat orageux paraissait, s'il faut l'en croire, avoir porté sur le partage du bénéfice de l'opération, dont l'aimable public belge faisait les frais.

J'entendis beaucoup d'autres choses, auxquelles je prêtais une oreille peu attentive, car je comprenais que je n'étais pas à ma place dans ces sombres asiles, où l'argent seul doit se trouver, mais se trouver en masse, d'après le système monétaire belge : moi je me sentais faite pour servir d'intermédiaire aux transactions, non de garantie au vil papier ; pour travailler, non pour dormir. Quelles que dussent être les épreuves que l'avenir me réservait, je me félicitai de revoir le jour quand la Banque me vendit avec un léger profit, pour rentrer en France, où je ne rentrai pas.

J'allai au couchant de Mons, dans le Borinage, au charbon-

nage de Tapatout. Là, comme partout dans vos districts industriels, on est obligé, faute de pièces de 5 francs, à payer les
salaires en or. J'échus, le jour de paye, au porion Nicolas Crépu,
qui se mit, en me voyant, à murmurer contre le patron. « Nicolas, mon ami, reprit celui-ci, je te connais comme un brave
ouvrier : quand les autres *tiennent bon* (se mettent en grève), tu
viens à la fosse par la *piedsente* détournée. Je voudrais pouvoir
te payer en pièces de 5 francs ; mais il y a dix ans qu'on n'en
frappe plus à Bruxelles ; nous n'en recevons plus de la France ;
je dois te payer en or français, parce que nous n'avons ni argent
français, ni or ni argent belges, ou bien je dois *arrêter le trait*
(suspendre l'extraction). Si j'arrêtais le trait, que deviendraient
ta femme et tes six enfants? D'ailleurs ta pièce d'or vaut intrin-
sèquement plus que dix pièces de 2 francs, usées comme elles
le sont toutes. — Notre maître, répondit Nicolas Crépu, vous
me donnez une bonne raison et une mauvaise, sauf votre res-
pect. Le meilleur patron ne peut donner que ce qu'il a. Cela suffit ;
mais, quant à ce que vous me dites de la valeur... Comment
donc?... de la valeur *trinsèque :* à d'autres ces sornettes. J'ai
vu dans un des trente-trois numéros quotidiens de *l'Écho du
Parlement* qui se trouvaient par hasard à l'estaminet du *Vrai
Borain,* que plusieurs messieurs de Bruxelles et d'Anvers se dis-
putent beaucoup à ce sujet ; ils impriment même tout cela pour
nos représentants. S'ils le lisent, c'est apparemment qu'ils ont
du temps à perdre. Pour nous, une pièce de 5 francs, c'est 5 francs ;
une pièce de 2 francs, c'est 2 francs : fussent-elles usées l'une et
l'autre, personne, pas même M. le receveur des contributions,
n'oserait les refuser ou en débattre la valeur. Tout irait bien s'il
en était de même des pièces de 20 francs. Passe encore si les
cléricaux, qui, d'après ce qu'on nous répète depuis dix ans, sont
les *éternels ennemis de nos institutions,* étaient seuls vexés en fait
de monnaies ; la chose paraît toute simple et toute naturelle,
puisque le libéralisme domine ; mais nous, francs libéraux, nous
vexer aussi, c'est trop fort ; moi, par exemple, qui étais à
l'affaire de Jemmapes en 1857...
— Ne touche pas cette corde-là, interrompit brusquement le
maître ; le libéralisme modéré, auquel je m'honore d'appartenir,
s'est vu forcé, par son amour pour le pays, d'accepter alors le

fardeau du pouvoir...; laissons là d'importuns souvenirs. La question monétaire n'a rien de politique ; Dieu merci ! l'or n'est pas un *clérical*. C'est même à titre de *clérical* que l'un des plus ardents adversaires de l'or a été éliminé à Anvers, nonobstant son talent reconnu et ses éminents services.

— Sapristi, fit Nicolas Crépu, si j'étais seulement électeur, comme le petit débitant de genièvre du coin de la rue, là-bas !

— Sans doute, mon ami, si tu étais électeur, les choses iraient mieux. Tu peux le devenir en ouvrant un débit de boissons ; autrement tu n'as guère de chance.

— Et si j'étais représentant...

— Oh ! ces positions-là imposent de grands devoirs ; il faut avant tout, tenir compte des intérêts généraux de l'opinion politique à laquelle on appartient et se souvenir que l'amitié d'un grand homme est un bienfait des dieux.

— Je ne comprends pas. C'est égal ; il nous faut pétitionner tous, et à tour de bras.

— Fort bien, mais nous sommes fatigués de pétitionner et cela n'y fait rien.

Après cet entretien, le porion prit congé de son maître et s'en alla chez le percepteur des contributions, à qui il m'offrit en payement de sa *personnelle*. Le percepteur refusa net et proposa de montrer à Nicolas ses instructions, qui lui défendent d'accepter de l'or français.

« Je vous remercie, monsieur le percepteur, dit-il ; il n'y a pas besoin d'instructions. L'État est, tout de même, un drôle de particulier : il prendrait pour vingt francs un petit carré de papier ; il ne veut pas ce morceau d'or brillant sur lequel se trouve la tête de l'Empereur, du grand, d'un gaillard qui savait en donner *des instructions !* Il faudra donc attendre, pour recevoir ma personnelle, que j'aie ramassé beaucoup de ces gros sous sur lesquels il y a l'image d'un chat de mauvaise humeur qui est censé représenter le fier lion belge.

— Attendre : l'État n'attend pas ! Gare à la vente de tes meubles, sur la place, si, demain, ta personnelle n'est pas payée.

— Ça veut donc dire que, pour éviter des désagréments, je dois aller à Mons changer ma pièce. Outre la dépense à faire, je perdrai une demi-journée, qui me vaut deux francs. Si c'était un effet de la bonté de votre Gouvernement de me prendre cette pièce d'or avec une perte de vingt centimes, ma contribution, il est vrai, serait augmentée d'autant, et ce n'est pas gentil et démocratique de surcharger ainsi les petites gens, mais nous ferions encore, l'un et l'autre, une bonne opération : moi je perdrais moins ; votre Gouvernement, qui, dit-on, est né malin, se tirera bien d'affaire et ne perdra pas : il a vingt centimes d'avance.

— Impossible, reprit le percepteur, mes instructions sont précises et formelles.

— Au diable vos instructions et celui qui...

— Silence, Nicolas ! pas de propos séditieux et compromettants pour moi : respecte les autorités constituées. Tes représentants naturels n'ont-ils pas le droit d'initiative, et toi, ne peux-tu pas pétitionner ?

— Merci : le patron m'a dit qu'il sortait d'en prendre. Ne vous moquez pas, s'il vous plaît, de nos représentants et de moi.

Le porion Nicolas, n'ayant pu me faire accepter par le percepteur des contributions, alla se consoler au cabaret et m'y donna. Je passai aux mains du boulanger, du meunier, du fermier et du rentier, et, sans avoir le bonheur de rencontrer un thésauriseur ou un numismate, je circulai longtemps, discutée, honnie, méconnue, repoussée, dépréciée ou maudite. Je dois à la vérité de déclarer aussi que je ne rencontrai pas un seul *aurophobe* par principe ; on dit pourtant qu'il y en a bien une vingtaine, sur quatre millions cinq cent mille habitants de votre pays. La monnaie, d'après les idées des Belges, aurait-elle par hasard été instituée pour la satisfaction particulière de ces vingt messieurs ? Tous les autres prétendent que non.

Le sort eut enfin compassion de moi... Permettez, bons Belges, qu'au moment de prendre une forme nouvelle, je vous fasse mes adieux.

Pour vous, l'or n'est pas une chimère, mais une cause d'ennuis. C'est à vous que La Fontaine songeait quand il a dit :

> Ni l'or ni la grandeur ne nous rendent heureux ;
> Ces deux divinités n'accordent à nos vœux
> Que des biens peu certains, qu'un plaisir peu tranquille...

Détachez donc vos cœurs de l'amour de l'or ; ne souhaitez pas non plus d'avoir beaucoup de pièces de 5 francs, car ce vœu ne pourrait s'accomplir ; l'argent est d'ailleurs une matière encombrante, lourde, qui, pour les grands transports, exige un véhicule quelconque. Pénétrez-vous bien de cette vérité fondamentale de tout bon système monétaire, que les billets de banque, expression de la civilisation moderne, sont la conséquence providentielle de l'invention des chemins de fer et des télégraphes électriques. Prenez des billets.

Adieu, chers Belges et, j'ose dire, trop bons Belges. Ma carrière monétaire est finie. Tandis que d'innombrables compagnes attendent, au milieu de mille angoisses, le jour assez prochain où leur puissance de fait sera reconnue légitime, je suis choisie avec quelques-unes, brillantes comme moi, pour composer la médaille que vos opulentes cités, en témoignage de reconnaissance de l'abolition des octrois, font frapper à l'effigie de votre Ministre des Finances. J'ai porté les traits du grand empereur pendant cinquante ans à travers les orages de la vie ; ma destinée change un peu... Après avoir reçu une nouvelle empreinte, je deviendrai immortelle, comme le souvenir de *la loi-monument*.

Touché jusqu'aux larmes de cette expression de la gratitude publique, il fera sans doute un de ces discours qu'il fait si bien : du moins, il me pardonnera, me voyant si belle, d'avoir été trop longtemps, pour son malheur et pour le mien, une illégale pièce de 20 francs.

Persévérance et courage. . mais surtout patience. Adieu (1) !

Pour extrait conforme :
Philidor GOUDVRIENDT.

Bruxelles, 31 décembre 1860.

(1) La *vieille pièce* de 20 francs a échappé, dit-on, à la refonte en 1861 : elle vit encore aujourd'hui, et fait prime, comme pendant les quarante premières années de son existence. Elle compâtit beaucoup aux infortunes actuelles de ses jalouses compagnes d'autrefois, les pièces de 5 francs, menacées, à leur tour, de dépréciation et de suppression violente ; elle s'apprête même à les défendre, dès que son secrétaire intime, Philidor Goudvriendt, en aura le loisir. (*Note de la nouvelle édition.*)